新视角读
『二十六史』

新视角读

元史

宋玉山 著

中国文史出版社

图书在版编目（CIP）数据

新视角读元史 / 宋玉山著 . —北京：中国文史
出版社，2023.3
（新视角读"二十六史"）
ISBN 978-7-5205-4067-4

Ⅰ.①新… Ⅱ.①宋… Ⅲ.①中国历史—元代—通俗
读物 Ⅳ.①K247.09

中国国家版本馆 CIP 数据核字（2023）第 071175 号

责任编辑：金 硕
策 划：金 硕 曲童利

出版发行：中国文史出版社
社 址：北京市海淀区西八里庄路 69 号 邮编：100142
电 话：010 - 81136606/6602/6603/6642（发行部）
传 真：010 - 81136655
印 装：北京温林源印刷有限公司
经 销：全国新华书店
开 本：787mm×1092mm 1/16
印 张：15.5
字 数：223 千字
版 次：2024 年 1 月北京第 1 版
印 次：2024 年 1 月第 1 次印刷
定 价：56.00 元

总序　历史是最好的老师

魏礼群

习近平总书记多次强调指出，"历史是最好的老师，它忠实记录下每一个国家走过的足迹，也给每一个国家未来的发展提供启示。""领导干部要多读一点历史，从历史中汲取更多精神营养。"

历史是人民创造的。历史经验是社会发展规律的体现和反映，是人类长期生活的总结和升华，是现代人民用来对照的一面明镜。欲知大道，必先知史。学习历史，可以观成败、鉴是非、知兴替、明规律，可以以史资政、修身励志、汲取力量、创造人生。

我党历来重视历史。我党历代领导人都善于把历史经验运用到中国革命、建设和改革的实践当中，都强调领导干部要多学习一些历史知识。在新的历史时期，要实现中华民族伟大复兴的中国梦，更需要我们用好历史这个最好的老师，遵循规律、明确方向、坚定道路、凝聚共识，去书写新的历史，创造新的辉煌。

尊重历史也是中华民族的优良传统。中国历史源远流长，旷古悠久。从黄帝时代开始，中华民族有着五千年的文明史，经历了若干个朝代。一般来说，每个朝代都有为前一个朝代撰修史书的传统，经过官方撰修或认可的史书，称为正史。

清朝乾隆皇帝将《史记》《汉书》《后汉书》《三国志》《晋书》《宋书》《南齐书》《梁书》《陈书》《魏书》《北齐书》《周书》《隋

书》《南史》《北史》《旧唐书》《新唐书》《旧五代史》《新五代史》《宋史》《辽史》《金史》《元史》《明史》等二十四部史书，钦定为"二十四史"。民国时期，大总统徐世昌又把《新元史》列入正史，形成了"二十五史"。但"二十四史"和"二十五史"都只写到明代，如果再加上记载清朝历史的史书，就应该是"二十六史"。

正史是由官方修撰或认可，尤其是由后面的朝代完成的，史料比较全，真实性比较高，史实价值比较大，因而是历史研究中的主要参考依据。由于这些正史数量繁多，语言晦涩，除了专业人员外，很少有人能够通读下来。

"新视角读'二十六史'丛书"，对这些数量繁多的史书，做了精心挑选和简化概括，并有作者读史后的认识和体会，创作形成了一篇篇简明扼要的故事，以新的形式呈现给读者。这些故事，既独立成章，又相互联系、脉络清晰，能使人们大致了解历史进程、重大事件和主要人物。该书语言简练，通俗易懂，适合大部分人群，中学生阅读也没有问题。特别是该书站在现代社会的角度，以新的视角分析看待历史，有许多新观点、新见解，能够给人以启发和借鉴。因此，我认为，撰写"新视角读'二十六史'丛书"，是一项很有意义的工作。

我感觉，"新视角读'二十六史'丛书"的基本特点，是"忠于原著，丰富史料；以史为鉴，启迪人生"。

所谓"忠于原著，丰富史料"，是指作者撰写的每一篇历史故事，都是根据原著的记载写成的，都有史料依据，没有进行虚构。为了增强可读性，在语言细节方面做了适当的文字加工，但主要内容都是原著所提供的。同时，在忠于原著的基础上，为了使一些历史事件和历史人物更加丰满，也适当增加了一些其他史料，增添的史料也是有依据的。该书一个显著特点，就是史料丰富、知识点多、信息量大，能够让人开阔视野，增长知识。

所谓"以史为鉴，启迪人生"，是指作者创作历史故事的目的，是为了借鉴历史经验，服务于现代社会。所以，作者站在历史唯物主义和辩证唯物主义的立场上，辩证地、一分为二地看待历史现象，并且在故事的过程中，或者在故事的结尾，往往有着哲理性的评论和观点，给人以有益的启迪。我们学历史的目的，不仅是要了解历史知识，更重要的是要通过汲取历史经验和教训，对我们的工作和生活有所启发和借鉴。该书较好地做到了这一点，这是该书另一个显著的特点。

作者曾经是我得力的部下，我对他十分熟悉和了解。作者勤奋好学，长期从事政策研究和文字工作，理论素养和文字功底较好；先后在乡、县、市、省、国家五个层级工作过，有着丰富的阅历和实践经验；做事严谨，为人厚道，工作勤勉。尤为难能可贵的是，他把退休作为第二生命的开始，退而不休，锲而不舍，继续为社会做贡献，其志可贵，精神可嘉！

希望该书能够使人借鉴历史经验，起到以史为鉴、激励人生的作用。

是为序。

（魏礼群，曾任国务院研究室主任、国家行政学院党委书记、中国行政体制改革研究会会长，现任中国国际经济交流中心常务副理事长兼学术委员会主任。）

前　言

　　元朝，是中国历史上第一个由少数民族建立的大一统王朝，是疆域最大的朝代，也是一个矛盾丛生、没有治世、虎头蛇尾的历史时期。记述元朝历史的正史，是《元史》和《新元史》。

　　笔者主要根据《元史》《新元史》的记载，撰写了七十五篇元朝故事。这些故事，既独立成章，又相互连贯，使读者大体能够了解元朝的历史脉络、重大事件和重要人物，从而对这一时期有一个大概的印象。

　　笔者在撰写过程中，坚持"忠于原著，丰富史料；以史为鉴，启迪人生"的原则，对《元史》《新元史》记载的事件和人物不做虚构，只是在细节和语言方面适当做些加工，以增强可读性。同时，适当阐述笔者个人的体会和观点。

　　笔者在撰写过程中，根据原著记载和个人体会，提出了一些新的观点和看法。比如：《元朝呈现虎头蛇尾》《华夷一统大元朝》《元朝也有"苏武"》《起义具有宗教色彩》《北元延续元朝国号》等。这些观点仅作为一家之言，敬请读者指正。

　　由于笔者水平有限，书中难免有错误、疏漏和不足之处，希望广大读者给予批评纠正，笔者将不胜感激。

目
录

《元史》与《新元史》

　　元朝是蒙古族建立的政权，是中国历史上第一个由少数民族建立的大一统王朝。

　　元朝是在大蒙古国分裂以后建立的，成立于 1271 年，1368 年被朱元璋建立的明朝灭掉，存在九十七年。记述元朝历史的正史有两部，分别是《元史》和《新元史》。

　　朱元璋出身贫寒，识字不多，戎马一生，是个武夫，但却很重视修史，以便于汲取历史经验教训。朱元璋在灭掉元朝的当年，就下发诏令，令左丞相李善长组织人员，开始撰修《元史》。

　　李善长是朱元璋的主要谋士，明朝开国元勋，功绩卓著，堪比汉丞相萧何，可惜后来被朱元璋处死。

　　李善长接到皇帝诏令，不敢怠慢，立即调集十六名学者，组成了高水平的写作班子，由著名史学家和文学家宋濂、王祎为总裁官，开始了《元史》编纂工作。

　　宋濂，祖籍金华潜溪，后迁居浦江。他小时候身体瘦弱，却有过目不忘之才能，号称神童。宋濂长大以后，学识渊博，能诗善文，与高启、刘基并称"明初诗文三大家"，被朱元璋赞为"开国文臣之首"，可惜后来被流放致死。

　　王祎，浙江义乌人，满腹学问，与宋濂并称"浙东二儒"。两人关系友好，配合默契，对修史工作十分有利。王祎后来出使云南，招降元将，不幸遇害。

　　从 1369 年二月开始，《元史》修撰工作正式展开。元朝虽然以勇武著称，但也重视文史，留下了十三朝实录、《经世大典》、《元朝秘史》等许多原始史料和大量的典籍、档案等。修撰人员依据这些丰富史料，只用一百八十八天时间，就完成了大部分史稿。

不过，由于元朝刚刚灭亡，元朝最后一朝的史料不够齐全。朱元璋特地命欧阳佑等十二人为采访官，到全国各地收集史料，实地采访。经过半年多努力，史料收集完毕，继续进行撰写，又用一百四十三天时间，便完成了《元史》的修撰。《元史》实际撰写的时间，只有三百三十一天，是所有正史当中用时最短的一部。

《元史》之所以用时较短，一个重要原因是，《元史》的修撰者与元朝史料的撰写者都奉行儒家道学思想，世界观和学术思想是一致的，所以，无须对原始史料做根本性改动，只是进行一些删节和组合。这样，《元史》在无意中保留了大量元朝的原始史料，为后世研究元朝历史提供了方便。这是《元史》的一大特点。

《元史》共二百一十卷，其中本纪四十七卷、志五十八卷、表八卷、列传九十七卷。《元史》记述了自元太祖成吉思汗创业到元朝灭亡一百余年的历史，史料比较详尽，甚至具体到月、日。

《元史》的主要特点：一是学术价值较高，修撰时多照抄元朝史料，因而保存了大量原始史料，这对于研究元朝历史弥足珍贵；二是根据史料多少详略得当，元世祖、元顺帝在位时间都长达三十多年，原始史料丰富，所以篇幅较长，而有些史料少的则篇幅较短；三是文字浅显，明白易懂，这是文化不高的朱元璋提倡通俗文字的成果。

《元史》也存在一些缺陷，最大的问题是比较粗糙。由于成书时间短，有些史料没有收录进去，有些地方出现错误，甚至连人名、地名、时间，有的也搞错了。

为了弥补这方面的不足，明成祖曾让解缙改修《元史》。在明清时期，又出现了许多有关元朝的史书，如《元史类编》《元史新编》《元书》等等。这些史书具有一定价值，也在某些方面弥补了《元史》的缺陷，但仍然不能代替《元史》。这说明《元史》有着较高价值，得到人们认可。清朝乾隆皇帝把《元史》列入正史，作为"二十四史"之一。

过了五百多年之后，近代人柯劭忞花费多年心血，写了一部《新元史》，引起社会广泛关注。

柯劭忞，山东胶州人，清末民国官员、著名学者。柯劭忞出身于书香门第，从小喜爱读书，被称为"书呆"，长大后考中进士，当了清朝官员。清朝灭亡后，他以前清遗老自居，充任宣统侍讲。后来，袁世凯开设清史馆，编修清朝历史，赵尔巽为馆长，柯劭忞等人为总纂。柯劭忞参与编修《清史稿》十四年，负责总阅全稿。

　　柯劭忞在参与编修《清史稿》的同时，潜心研究元朝历史。他不仅系统研究了中国学者写的大量元朝史籍，还吸收了外国学者研究元朝历史的成果，经过三十多年的不懈努力，终于在 1920 年完成了《新元史》一书。

　　《新元史》以《元史》为底本，斟酌损益，重新编撰，是近代篇幅巨大的一部史书。全书共二百五十七卷，包括本纪二十六卷、志七十卷、表七卷、列传一百五十四卷，共一百五十多万字，内容比《元史》丰富。

　　《新元史》根据仔细考证，纠正了《元史》中的一些错误之处，更趋于严谨翔实。柯劭忞根据多年的研究成果，增补了许多新的内容，其中列传由九十七卷增加到一百五十四卷。不少人认为，《新元史》是集元史研究之大成，以一人之力成此巨著，功不可没。

　　《新元史》也有不足之处，主要是在新增补的史料中，没有注明出处，其真实性受到质疑，后人研究元朝历史时，引用其史料也感到不便。不过，《新元史》仍然是人们研究元朝历史的重要参考书。

　　《新元史》面世以后，社会反响良好，在国际上也有一定影响。日本东京帝国大学为此赠柯劭忞文学博士学位。当时中国在日本的留学生很多，而得到博士学位的却很少。柯劭忞并没有在日本留过学，只因《新元史》而获得博士学位，在近代史上唯其一人。

　　1922 年，民国总统徐世昌把《新元史》列入正史。这样，加上乾隆皇帝钦定的"二十四史"，正史就有二十五部，被称为"二十五史"。如果再加上清朝的历史，就应该是"二十六史"了。

　　1933 年，一代史学大师柯劭忞安详离世，高寿八十六岁。

　　《元史》和《新元史》各有千秋，都是中国史学宝库中的璀璨明珠。人们想要了解元朝历史，不妨把两部史书结合起来阅读，一定会受益更多。

元朝呈现虎头蛇尾

　　元朝是中国历史上首次由少数民族建立的大一统王朝，也是疆域最广的朝代，以其无比强大而闻名于世。

　　元朝于1271年建立，1279年统一全国，1368年结束了统治，存在九十七年，其中统治全国只有八十多年。

　　纵观从前的汉、唐、宋等大一统王朝的兴衰历程，中间都出现过起伏，有衰弱，有中兴，也有治世。可元朝凭借强大军力获得天下以后，却是一路下滑，中间没有起伏，更没有出现治世，直至走向灭亡，呈现出虎头蛇尾态势。这是元朝的一个明显特征。

　　元朝是在大蒙古国基础上建立的。蒙古族的杰出英雄成吉思汗，经过多年浴血奋战，将分散的蒙古各部统一起来，于1206年建立了大蒙古国。大蒙古国历经五位大汗，存在六十五年。

　　大蒙古国是当时世界上最强大的国家，蒙古铁骑天下无敌，灭掉西夏、金国，占据了中国北方，又三次西征，在中亚、西亚、欧洲大地上纵横驰骋，夺取了大片土地，建立了蒙古本部和钦察汗国、察合台汗国、窝阔台汗国、伊利汗国等四大汗国。大蒙古国是横跨亚欧的大帝国，国土面积多达三千多万平方公里。

　　1259年，大蒙古国第四任大汗蒙哥去世，他的两个弟弟忽必烈、阿里不哥为争夺汗位打了四年内战，最后忽必烈获胜，登上汗位。可是，由于兄弟内战，四大汗国先后独立，不再听从大汗命令，大蒙古国分裂解体了。

　　1271年，在汉族士大夫们的支持策划下，忽必烈将国号改为"大元"，在蒙古本部建立了元朝。忽必烈雄才大略，他按照汉族统治者的模式，建立政权和官僚机构，强化中央集权，出兵灭掉南宋，统一了全国。忽必烈根据治理天下的需要，推广儒学，重用汉族士大夫，奉行以汉人方法治理汉地。元朝建立以后，仍然是一个强大的帝国，疆域一千三百多万平方公里。

忽必烈当皇帝二十三年，于1294年病逝，庙号元世祖。他的孙子铁穆耳继位，是为元成宗。

元成宗是位守成之君，他继承爷爷的事业，继续执行忽必烈时期的各项政策。元成宗虽然没有大的作为，但总算是守业有成，总体上保持了元朝的稳定。元成宗在位十三年，于1307年病逝。元成宗没有儿子，由侄子海山继位，是为元武宗。

元武宗仍然推行忽必烈的政策，但有所革新，进行创治改法，试图解决复杂的社会问题。可惜元武宗命短，只当了四年皇帝就死了，皇位由其弟寿山（即爱育黎拔力八达）继承，是为元仁宗。

元仁宗是元朝历史上最有作为的皇帝，他从小学习汉文化，通晓儒术，已经高度汉化。元仁宗以儒家思想治国，重用汉族官员，恢复中断八十多年的科举考试制度，并且大力推行汉化运动，给元朝注入了新的生机和活力。

元朝如果就此发展下去，有希望进入正轨，实现治世。不过，元仁宗大力推行汉化和恢复科举制度，触犯了蒙古贵族的利益，引起蒙古贵族保守派的极大不满和反对。

元仁宗在位九年，于1320年病逝。其子硕德八剌继位，是为元英宗。

元英宗继位时只有十八岁，年轻气盛，很想大有作为。他继承父亲的事业，继续推进汉化，而且力度更大、范围更广。元英宗大刀阔斧地实施新政，裁减冗官，限制贵族特权，推行法治，减轻税赋徭役，提拔大批汉人入朝做官。

蒙古贵族保守派恨之入骨，悍然发动政变，将元英宗刺杀，然后从漠北草原迎来宗王也孙铁木儿当皇帝，是为泰定帝。

忽必烈、元成宗、元武宗、元仁宗、元英宗几位皇帝，都崇尚汉文化，推广儒学，采用汉族统治者的方法治理天下，虽然没有完全解决各种社会矛盾，但保持了元朝六十多年的稳定和发展。

然而，自泰定帝之后，蒙古贵族保守派上台，采取抵制汉化、仇视汉人、实行民族歧视政策，改变了元朝发展方向，元朝便混乱不堪，局势急转直下了。

泰定帝自幼生活在漠北草原，不熟悉汉文化，不懂得治国理政。蒙古贵族保守派得势，之前几代皇帝推行的汉化政策和改革措施全部推翻，朝政一片混乱。

蒙古贵族不会治理天下，只知道争权夺利。泰定帝死后，元朝立即陷入皇位之争，分别在上都、大都出现两个皇帝，随之爆发了两都之战。元朝在此后十年之内，先后出了五个皇帝，还出现了弟杀兄等丑恶事件。后来，又出现了权臣挟主自重，把持朝廷。在混乱之中，元朝自然腐朽衰落了。

元朝由于幅员辽阔、民族众多，自建立以来，就存在着社会结构复杂、不同文化难以融合、民族矛盾尖锐、经济发展缓慢、贫富差距悬殊、官僚队伍腐败等问题，如今朝廷腐朽，政局混乱，多种矛盾便集中爆发，各地起义此起彼伏，引发社会剧烈震荡。

1351年，韩山童、刘福通在中原发动大规模红巾军起义；第二年，徐寿辉、彭莹玉在南方发动起义，也号称红巾军。另外，浙东爆发方国珍起义，泰州发生张士诚起义，全国各地起义风起云涌，一场轰轰烈烈的元末农民大起义终于形成了。

朝廷紧急调兵镇压，可是，朝廷官员和军队已经腐败，早已不是当年天下无敌的蒙古铁骑了，无法扑灭愈烧愈烈的起义烈火。

1360年以后，朝廷摇摇欲坠，不能控制局势，于是收缩战线，把兵力撤到北方，基本上失去了对南方的统治。

南方只剩下大大小小的起义军，规模最大的有朱元璋、陈友谅、张士诚等人。朱元璋采取正确策略，广招人才，经过六七年奋战，陆续灭掉陈友谅、张士诚等割据势力，统一了江南。朱元璋在南京建立了明朝。

1367年，朱元璋以"驱逐胡虏，恢复中华"为号召，派二十五万大军北伐。明军兵强马壮，士气高涨，不到一年，就收复中原，攻占大都，推翻了元朝统治，历史进入了大明王朝时代。

　　元朝虎头蛇尾的经历表明：打天下不易，治天下更难；没有好的治国理念和政策，仅靠武力强大，是守不住江山的。

北方兴起蒙古族

元朝是蒙古族建立的政权，蒙古族是中国的少数民族之一，是一个古老的游牧民族。蒙古族的诞生和兴起，经历了一个长期的演化过程。

在《史集》一书中，记载了蒙古族一个古老的传说。很久以前，在辽阔的北方草原上，散居着一些蒙古部落，他们以放牧为生，过着逐水草而居的游牧生活。有一次，蒙古部落与其他部落发生了战争，遭到残酷屠杀，部落的人都死了，只剩下两男两女逃脱了。

他们逃到了额尔古纳河流域的一个地方，周围是险峻的高山，中间有丰茂的草原。他们见地形不错，便在这里生活下来，生息繁衍，世代相传。额尔古纳河在今内蒙古呼伦贝尔市境内，是黑龙江的正源，这一带就成了蒙古族的重要发祥地。

《史集》是14世纪伊利汗国写的一部世界通史著作，记述了中世纪各国、各民族的历史，其中有《蒙古史》。《史集》具有较高的史料价值，被誉为历史百科全书，是研究蒙古族历史最重要的基本史料之一。

关于蒙古族的起源，说法很多，有源自黄帝、匈奴、突厥、吐蕃、鲜卑、东胡等等。目前学术界比较多的看法，是认为蒙古族出自东胡。东胡是中国东北的古老游牧民族，是包括同一族源、操有不同方言、各有名号的大大小小部落的总称。司马迁的《史记》说，因他们在匈奴以东，所以称之为东胡。

东胡历史悠久，商朝就有关于东胡活动的记载。《晋书》说，鲜卑世居北夷，号曰东胡，是有熊氏之苗裔。有熊氏是黄帝部落。鲜卑和蒙古等部落，都属于东胡。

在春秋时期，东胡居住在燕国和赵国北部，势力较强，多次南下袭扰中原。燕国便在边界修筑长城，以防东胡。赵国的大将李牧，在抵御匈奴的同时，也打败过东胡。这一时期，东胡的势力比匈奴强大。

到了秦汉之际，匈奴出了一个英雄人物，叫冒顿单于，他使匈奴强盛起来。东胡仍然恃强向匈奴索要宝马和美女，冒顿单于为了麻痹对方，对东胡的要求——满足，但却趁着他们轻敌和不备，突然发动进攻，把东胡打得一败涂地。此后，东胡部落联盟土崩瓦解，东胡各部成了匈奴的奴隶。《史记》记载了这一事件。

匈奴在北方草原建立了强大的帝国，长期与汉朝为敌，最终被汉朝灭掉。匈奴民族消失了，绝大部分融入汉族和其他民族当中。此后，北方的柔然、突厥、鲜卑、契丹等民族先后强盛，称霸于草原。蒙古部落势力依然弱小，长期受强势民族的奴役。

蒙古部落最初只有涅古斯和乞颜两个氏族，经过多年繁衍生息，分出了七十多个分支，通称为迭儿勒勤蒙古。在长期的社会发展中，各民族不断分化和融合，蒙古部落也吸收融合了居于漠北的一些草原游牧民族和森林狩猎民族，不少匈奴、柔然、突厥、鲜卑等民族的人，也融入蒙古部落。鲜卑人的一支，叫作室韦，就成为蒙古民族形成的主源之一，被称为蒙兀室韦。

当时蒙古部落的总称，叫作达怛，或者鞑靼。《旧唐书》中记载的蒙兀，是蒙古一词最早的汉文译名，到了元代，才有了蒙古这个名词。蒙古一词的意思，有质朴、永恒之火、天族等多种说法。蒙古部落按其生活方式和发展水平，大致分为草原游牧民和森林狩猎民两类，长期生活在蒙古高原。

到了公元12世纪，蒙古部落子孙繁衍，氏族很多，分布很广，开始兴旺起来，但并不统一，名称也不相同。比较大的部落，有乞颜、札答兰、泰赤乌、弘吉剌、兀良合、克烈部等。另外，还有塔塔儿部、蔑儿乞惕部、斡亦剌部，这三部都使用蒙古语言。同在蒙古草原上的，还有突厥部落、回鹘部落、乃蛮部、汪古部等民族。

各部落、各氏族之间，为了抢夺地盘和财富，互相攻打，到处刀光剑影，一片混乱。在他们的南边，是势力强大的辽国，辽国与宋朝也时常发生战争。这一时期，从南到北，都是战火纷飞的乱世。

　　俗话说，乱世出英雄。这时，蒙古的乞颜部落，出现了一位英雄人物，统一了蒙古诸部，组成了一个新的民族共同体，蒙古族正式形成，并且迅速崛起，称雄于北方。这位英雄人物，就是一代天骄成吉思汗。

一代天骄铁木真

　　毛泽东在《沁园春·雪》一词中，有"一代天骄，成吉思汗，只识弯弓射大雕"的名句。成吉思汗是大蒙古国君主的尊号，他的名字叫铁木真。

　　《元史》记载，成吉思汗姓奇渥温，名字叫铁木真。《新元史》说，蒙古人出自突厥，眼睛是灰色的。铁木真的祖先是乞颜部，姓孛儿只斤。《元史》和《新元史》，都记载了铁木真祖先的情况。

　　铁木真的十世祖，叫孛端叉儿。孛端叉儿的母亲，叫阿兰果火。阿兰果火生了两个儿子之后，丈夫死了，寡居在家，可后来又生下一个儿子，就是孛端叉儿。阿兰果火对人说，夜里梦见金色神人上了她的床，于是有孕，生下一子。那个时代的人们相信，视孛端叉儿为神人的后代。

　　孛端叉儿长大以后，相貌奇特，沉默寡言，有勇有谋，打的猎物最多。他带领家族的青壮年，征服了一些民众，组成了乞颜部落，孛端叉儿便当上了部落首领。此后世代相传，到了铁木真父亲也速该的时候，仍然做乞颜部的首领，而且势力更加强大。

　　1162 年，铁木真出生。他的手掌上凝聚着血脉，像红色的石头一样。也速该当时攻打塔塔儿部获得胜利，俘获了它的首领铁木真，心里很高兴，便为儿子取名叫铁木真，以纪念这次胜利。

　　铁木真九岁时，父亲带他到弘吉剌部去提亲。弘吉剌部是蒙古部落的一支，以盛产美女而闻名，铁木真的母亲诃额仑，就是该部落的人。

　　也速该为儿子选中了一个叫孛儿帖的小姑娘，比铁木真大一岁。孛儿帖的父亲叫特薛禅，与也速该是朋友。特薛禅后来协助铁木真起兵，被赐名为薛禅。

也速该、特薛禅都满意这门婚事，铁木真也很喜欢孛儿帖，两家人皆大欢喜。按照习俗，定亲之后，女婿要在岳父家里住上一年，于是，也速该把铁木真留下，自己回家了。

也速该在回家的路上，需要经过塔塔儿部。塔塔儿部也属于蒙古部落的一支，但曾经与也速该的乞颜部发生过战争，怀有怨恨，于是心生歹意，想要谋害他的性命。

塔塔儿部精心安排，在路上设置了宴会。按照蒙古人的习俗，在宴会时遇见过路人，主人应该邀请他参加饮宴，否则就是失礼；而过路人也应该接受邀请，不然也是失礼。也速该在路过时，自然受邀参加宴会。不料，塔塔儿部却在马奶酒里放了毒药。

也速该回到家以后，毒性开始发作，知道是塔塔儿部下了黑手，急忙把铁木真召了回来。铁木真回来不久，也速该就死了，临终留下遗言，让儿子为他报仇，说将来要灭了塔塔儿部，把高于车轮的男子全部杀掉。铁木真牢记父亲的遗嘱，若干年以后，果真灭了塔塔儿部，把部落里的男人全部杀光。铁木真虽然为父亲报了仇，但也落下了滥杀的名声。

也速该死后，留下了几个幼子，长子铁木真也不满十岁，无法控制部落，部落民众纷纷离去，只剩下他们孤儿寡母。铁木真的母亲诃额仑是一位坚强的女性，她换上百结衣服，扎上破旧的裙子，靠着拾果子、挖草根艰难度日，抚养几个幼子长大。

铁木真母子不仅生活艰难，还经常受到别人欺负，过去与也速该有矛盾的部落，时常前来寻仇。有一次，泰赤乌部抓走了铁木真，让他戴枷示众，百般羞辱，还想杀了他。幸亏铁木真机警，寻机逃了出来。为了躲避仇家，铁木真曾经在森林里藏了九天，靠着挖野菜、吃树叶，顽强地活了下来。

铁木真在少年时期，吃尽了万般苦头，承受了难以想象的苦难，正因为这样，才造就了他坚强刚毅、百折不挠的性格。在艰苦的岁月中，铁木真逐渐长大，他体魄健壮，身手敏捷，勇猛过人，而且胸怀大志，富有谋略。铁木真决心召集旧部，聚集力量，恢复父辈的基业，让家族再次荣耀。然而，这并非易事，需要付出艰辛的努力。

也速该当部落首领的时候，也有一些朋友，铁木真打算利用父亲的老关系，寻求他们的帮助。有一天，铁木真去拜访克烈部首领汪罕，送给他一件珍贵的黑貂裘衣做礼物。汪罕是也速该的朋友，受过也速该恩惠，见铁木真已长大成人，雄壮英武，十分高兴，答应帮他恢复势力。铁木真异常兴奋，对汪罕毕恭毕敬，尊重他就像亲生父亲一样。

汪罕对铁木真帮助很大，不仅帮他把离散的部众重新聚集起来，而且还帮他与一些蒙古部落建立了联系，提高他的声望。也速该的其他朋友以及铁木真的岳父特薛禅、结义兄弟札木合等人，也纷纷助铁木真一臂之力，使铁木真很快拥有了自己的势力，尽管势力还很弱小，但点燃了铁木真心中的希望。

铁木真的母亲诃额仑，对儿子的创业也起了很大作用。当时蒙古草原连年战争，百姓痛苦不堪，有许多孤儿到处流浪。诃额仑心地善良，虽然她的生活也很贫苦，但仍然尽力收养了不少孤儿。这些孤儿长大以后，忠心耿耿跟随铁木真征战，不少人成为赫赫有名的将军，立下了卓越功勋。

铁木真性情豪爽，待人真诚，与人同甘共苦，从不吝啬财物，常把好马好衣送给别人，因而交了不少朋友，也获得了好名声。铁木真的名声越来越大，有许多人慕名归附，一些勇士和有识之士逐渐聚集在铁木真周围，有些小的部落也纷纷整体依附铁木真，使铁木真的势力逐步壮大。

1189 年，在桑沽儿河（今蒙古国境内）一带，铁木真实现了恢复基业的愿望，重新组合了乞颜部落，当上了部落首领。那一年，铁木真二十八岁。

铁木真很有组织领导才能，也很会用人，他设置了十余种职务，选用能人担任，分别负责管理马群、羊群、车辆、饮膳、驭马、器械等事项。铁木真挑选精壮男子，组成了军队，制定军令和各项制度，加强训练。这样时间不长，铁木真的部落就管理有序，人尽其能，部众和睦，万众一心，很快兴旺发达起来。

铁木真志向远大，恢复父辈基业，只是他愿望的第一步。下一步，铁木真要大显身手，为统一蒙古诸部而浴血奋战。

兄弟反目十三翼大战

铁木真势力形成之后，立志统一蒙古诸部，可他没有想到，尚未出兵，敌人就打过来了。更令铁木真没有想到的是，前来进攻的敌人，竟然是他的结义兄弟札木合。

札木合比铁木真小两岁，他父亲是札答兰部的首领。铁木真父亲是乞颜部首领，两个部落关系友好，因而札木合与铁木真幼年时就结拜为兄弟。后来，札木合继承了父亲部落首领的位子，铁木真家族却衰落下来。

在铁木真恢复势力过程中，札木合念幼年情谊，给予铁木真很大帮助，尤其是打败了蔑儿乞惕部。蔑儿乞惕部是乞颜部的仇敌，听说铁木真想恢复旧部，便发兵来打。铁木真的势力刚兴，还很弱小，吃了败仗，妻子孛儿帖也被敌人抢去了。

铁木真没有办法，只好向汪罕、札木合求助。汪罕、札木合没有推辞，与铁木真联合，打败蔑儿乞惕部，夺回了孛儿帖。铁木真很感激，与札木合的兄弟情谊更加深厚。

可是，兄弟情谊比不上利益，随着铁木真势力变强，札木合心中不安起来。札答兰部是蒙古部落中较强的一支，札木合也有称霸草原的野心。札木合见铁木真势力不断壮大，后悔自己养虎遗患。

恰在这时，发生了一件大事，铁木真的部下杀死了札木合的弟弟给察儿。札木合大怒，联合泰赤乌、塔塔儿等十三个部落，聚集三万兵力，分为十三路，前来攻打铁木真。

札木合兴兵的时候，铁木真并不知情，更没有防备。幸亏有两个敬佩铁木真的人，听说了此事，混入札木合军中，探听清楚了札木合的兵力部署，连夜跑来给铁木真报信。

铁木真闻之大惊，他当时虽然有了一定势力，但对付十三个部落的联合进攻，还是觉得力不从心。不过，铁木真心里清楚，他与札木合这个结义兄弟，已经由盟友变成竞争对手了，札木合为了称霸草原，是非要灭掉他不可的，兄弟反目无可避免。

当晚，铁木真立即召开紧急军事会议，进行战斗部署。铁木真几乎动用了部落的全部青壮年，聚集了三万兵马，也分为十三路，迎战札木合的联军。于是，在1190年，爆发了著名的十三翼大战。

在开战之前，铁木真下了死命令，各路兵马都要以他的白旄大旗为令，大旗进则进，大旗退则退，不得擅自行动，违令者严惩不贷。

当时，三万人对三万人，是一场规模很大的战斗。铁木真的部落组合不久，还没有经过大战，士兵们缺乏战斗经验，与联军作战，很难有取胜的把握。更重要的是，铁木真认为，札木合不是他最凶恶的敌人，没有必要拼个你死我活，搞得两败俱伤。况且铁木真创业很不容易，今后还有许多大仗要打，他不能在这次战斗中拼上全部老本。因此，铁木真在战斗前就想好了撤退之策，打算以保存实力为主。

不久，札木合率领十三路联军，气势汹汹地扑来，双方摆开阵势，开展混战。联军士兵明显比铁木真的士兵强悍，逐渐占了上风。不过，联军也有缺陷，主要是缺乏统一指挥和协调，步调不够一致。铁木真的士兵虽然处于下风，但斗志高昂，行动一致，顽强抵抗，并不后退，战况十分激烈。

铁木真不愿意让士兵有过多伤亡，他见形势不利，便指挥白旄大旗缓缓后撤，士兵们保持阵形，且战且退，最后，全军退入哲列谷中。哲列谷四面都是高山，无法攀登，只有一条狭窄小路通向外面，山谷外面是一片沼泽地，不利于骑兵冲锋。哲列谷是一个理想的易守难攻之地，铁木真深谋远虑，早就看中了这个地方。

铁木真事先已将妇女老幼全部安置在山谷内，又在谷口安排一支军队，负责把守谷口。当全军退入山谷后，守谷口的士兵立即用大树将谷口封闭起来，大树也是早就准备好的。

联军追到山谷时，迎面飞来一阵箭雨，顿时死伤一片。联军发动多次进攻，都无法靠近谷口，有少数冲到谷口的，又被大树挡住道路，根本冲不进山谷。

铁木真让士兵们向外喊话，说我们都是兄弟，不忍心相互残杀，所以躲避于山谷之中。山谷坚不可破，你就不要白白送死了。喊话起了作用，联军士兵的斗志松懈下来，很少有人拼死向前了。

铁木真在山谷中检查伤亡情况，士兵们遭受了一些损失，有些人阵亡和被俘了，但将领们伤亡不多，整体实力没有受到多大影响。铁木真觉得十分欣慰。

联军在山谷外对峙多日，没有占到便宜，军心开始动摇。札木合变得焦急暴躁起来，他为了泄愤，残忍地杀害俘虏，甚至在谷口前的空地上架起七十口大锅，将俘虏扔进锅里烹煮。

不料，札木合的暴虐行为却起到了相反的效果。铁木真的士兵们个个义愤填膺，反抗意志更加坚决；各部首领们对札木合的暴行心生厌恶，有的干脆领兵走了。最后，札木合也不得不撤军而回。

关于札木合用大锅煮俘虏之事，《蒙古秘史》有记载，而作为正史的《元史》和《新元史》均无记载，因此存在争议。不过，札木合确实十分残暴，因而失去人心。此战结束以后，一些原先归附札木合的部落，都纷纷离他而去，反过来依附了铁木真。

十三翼之战，是铁木真势力形成后的第一次大规模战斗，由于铁木真采取了退避山谷、保存实力的策略，其实力并没有遭受很大损失，战后又继续壮大，形成了与汪罕、札木合、塔塔儿等部落并立的局面。

1201 年，铁木真的势力超过了札木合，双方又进行了一次大战，史称阔亦田之战。结果札木合大败，部落溃散，他本人也做了俘虏。铁木真念及旧情，将他放走了。

札木合先后投靠汪罕和乃蛮部，继续与铁木真为敌。1204 年，札木合的部下反叛，将他捆绑起来送给铁木真。铁木真以贵族礼节赐他不流血而死。

为报父仇毁灭塔塔儿

　　在著名的十三翼之战中，十三个部落联合攻打铁木真，都没有将其消灭，反而使铁木真声名大振，许多部落纷纷依附，使铁木真的势力进一步壮大。铁木真势力强大以后，便打着为父报仇的旗号，开始对塔塔儿部下手了。

　　塔塔儿部又称鞑靼部，有很多分支，人数众多，比较富有，是蒙古草原最强盛的部落之一。塔塔儿部由于分支众多，内部时常发生争斗，但遇到外敌时，却能够联合起来，一致对外，因而很难对付，长期称雄于草原。

　　塔塔儿部与铁木真的乞颜部，原先关系还不错，但在铁木真四世祖合不勒汗时期，却反目成仇了。有一次，合不勒汗的妻弟病了，请塔塔儿部的巫师来看病，结果病人死了。合不勒汗一怒之下，杀死了巫师。从此，乞颜部与塔塔儿部结怨，双方时常发生战争，互相屠杀和抢掠。

　　到了铁木真的曾祖父俺巴汗时期，乞颜部比较兴盛，塔塔儿部便投靠了势力强大的金国，与金国联合，杀了俺巴汗。铁木真的伯祖和许多宗亲，也死于塔塔儿部之手，双方怨仇越积越深。

　　后来，铁木真的父亲也速该，也被塔塔儿部下毒害死。也速该临死前留下遗言，要求儿子为他报仇。也速该死后，铁木真经历了饱受苦难和屈辱的少年时期，这都是由塔塔儿部造成的，因而铁木真对塔塔儿部怀有刻骨仇恨。

　　铁木真时刻不忘报仇雪恨，随着势力增强，报仇的愿望越发强烈。不过，塔塔儿部依然比较强盛，而且有金国撑腰，铁木真不敢轻举妄动，他在耐心等待时机。

机会终于来了。1196年，塔塔儿部与金国产生矛盾，举兵反叛，金国派大军讨伐。铁木真看准了这个难得的机会，主动与金国合作，联合攻打塔塔儿部。铁木真还担心实力不够，又拉上了盟友汪罕部落。

金国军队十分凶悍，塔塔儿部不是对手，被打得大败。塔塔儿部逃到浯勒扎河一带，还没有喘过气来，不料又遭到铁木真和汪罕军队的联合攻击，死伤惨重。塔塔儿部受到重创，元气大伤，从此衰落下来。铁木真缴获了大批牲畜、物资，势力又壮大了不少。

铁木真见金国强盛，便想借其力量统一蒙古诸部，于是依附了金国。金国很高兴，封铁木真为"札兀惕忽里"。这是一个不小的官职，此后，铁木真利用金国长官的身份，收服了不少部落和民众。

铁木真依靠金国势力，又与汪罕部落联盟，势力大增，后来灭掉了宿敌泰赤乌部，杀其首领塔儿忽台，收获了大批民众和牲畜。之后，铁木真采用武力和安抚两手，先后降服合答斤、散只兀、朵儿边、弘吉剌等部落，控制了蒙古草原大部分地区。在此期间，铁木真还灭掉了结义兄弟札木合。

1202年，铁木真的势力已经无人能及，他为了报父仇，更是为了实现统一大业，对塔塔儿部发动了大规模进攻，决心彻底消灭其部落。由于塔塔儿部比较富裕，为了防止士兵抢掠而引起纷争，铁木真颁布了严格的军令，要求一切缴获均要上交，等到胜利后再统一分配。这道军令意义重大，使得铁木真军队的军纪更加严明，内部更加协调一致，战斗力更加强悍。

塔塔儿部在几年前遭受过重创，已经势力大减，如今更是衰弱不堪，无法抵御铁木真大军。经过一番激战，塔塔儿部土崩瓦解，首领被杀，许多士兵阵亡，大批民众做了俘虏。

在蒙古各部落之间的战争中，除首领被杀以外，很少对普通民众进行杀戮，胜利者往往把民众纳入自己的部落，以壮大力量。可是，铁木真父亲临死前留有遗嘱，要求把塔塔儿部凡高过车轮的男子都要杀掉，于是，铁木真便大开杀戒。

塔塔儿部遭受了灭顶之灾，部落里的男子全被杀光，连孕妇及肚子里的胎儿也惨遭杀害，女人则被充当奴隶，塔塔儿部彻底被毁灭。

消灭了塔塔儿部，铁木真的势力如日中天，此时，蒙古草原上只剩下一个比较强盛的部落了，那就是一直作为盟友并对铁木真有大恩的汪罕部落。那么，铁木真会对恩人汪罕下手吗？

恩将仇报攻灭汪罕

大约从 1180 年开始，铁木真在父亲朋友汪罕帮助下，召集旧部，恢复势力，于 1189 年重新组合了乞颜部落。之后，铁木真又经过十余年浴血奋战，东征西讨，消灭和收服了许多部落，占据了蒙古草原大部分地区。此时，在偌大的草原上，除了铁木真以外，只剩下汪罕一个较大的部落了。

汪罕对铁木真势力的兴起和壮大，给予了很多支持和帮助，对铁木真有着大恩和深厚情谊。可是，铁木真胸怀大志，他要完成统一大业，建立强大帝国，就顾不上情谊了。

汪罕所在的是克烈部落，克烈部是蒙古草原的强大部落，元朝人认为克烈部属于蒙古族，也有人认为是突厥族。

汪罕的名字叫脱里，他父亲是克烈部落首领，与乞颜部关系比较友好。汪罕在父亲死后继位，但他的叔叔发动叛乱，打败汪罕，夺取了汗位。汪罕只带一百多人逃到了乞颜部，请求帮助。

乞颜部的首领是铁木真的父亲也速该，也速该十分仗义，他亲自领兵出征，平息了克烈部叛乱，把汪罕重新扶到汗位上。汪罕感激涕零，与也速该结为朋友。所以，在后来铁木真恢复势力的过程中，汪罕不遗余力地给予支持，而且长期是铁木真的盟友，帮助铁木真打败了不少敌人。

可是，当铁木真势力强大以后，汪罕却不安和焦虑起来，他知道铁木真有统一蒙古诸部的大志，担心有一天自己的部落会被吞并掉。汪罕的儿子们年轻气盛，经常挑拨父亲与铁木真的关系，双方开始产生猜疑。

有一次，铁木真与汪罕联合出兵，攻打乃蛮部，他们在夜里悄悄包围了乃蛮部，打算天亮后突然发动攻击。这些年，汪罕与铁木真组成联盟，灭掉了不少部落，眼看着越来越多的部落归附到铁木真麾下，汪罕感到了孤单和不安，这一次，他不想让乃蛮部再被灭掉了。于是，汪罕在自己营地里放了一把火，等于向乃蛮部报了警。铁木真见偷袭泡了汤，只好撤军走了。

铁木真自然知道汪罕的心思，觉得这些年两部落联合征战，汪罕部落也得到了不少好处，势力同样在逐渐扩大，如今汪罕却怀有二心，铁木真心里十分不满，两人出现了隔阂。

汪罕担心自己的部落被铁木真吞并，便想了个办法，派人向铁木真提亲，想让孙子娶铁木真的女儿，两家结成亲戚。不料，铁木真一口回绝了，汪罕十分恼怒。后来，铁木真的长子术赤向汪罕的女儿求婚，汪罕也不同意。两家的隔阂越来越深。

汪罕的儿子们纷纷鼓动父亲，说铁木真狼子野心，早晚会吞并我们部落，应该趁他现在不备，及早把他除掉。汪罕开始不同意，但经不住儿子们轮番劝说，终于下了决心，设下计谋，要杀掉铁木真，以绝后患。

汪罕派人告知铁木真，假称同意术赤的婚事，要铁木真前来定亲，企图趁机加害于他。铁木真半信半疑，但为儿子定亲之事，又不能不去，于是带十几名骑士，前去汪罕部落。

铁木真如果到了汪罕部落，肯定就会人头落地了，可是，他走到半路，却又折了回去。《元史》说，铁木真在路上越想越不对劲，心生怀疑，于是返回了。《新元史》说，是一个叫蒙力克的人向铁木真报警，说这是汪罕的阴谋，铁木真这才逃过一劫。

汪罕见阴谋败露，在儿子们的怂恿下，突然向铁木真大帐发动袭击。汪罕部落的势力也不小，特别是铁木真没有防备，措手不及，只得且战且退。铁木真逃到班朱尼河时，身边跟随的只有十九人。铁木真与十九人同饮河水发誓，一定要灭了克烈部，完成统一大业。这就是著名的班朱尼河盟誓。

既然汪罕撕破了脸皮，铁木真也就不用顾及情谊了。1203 年，铁木真调集大军，向汪罕部落展开猛烈进攻。汪罕部落抵挡不住，儿子们战死，部众溃散。汪罕叹口气说："我被我的儿子所误，如今后悔来不及了。"汪罕投奔乃蛮部，途中被人所杀。

攻灭了汪罕部落，铁木真统一了蒙古诸部。铁木真豪情满怀，举行了大规模的阅兵和狩猎活动。此时，铁木真拥有千军万马，兵强马壮，旌旗遮日，战鼓震天，雄壮威武，盛况空前。

1204 年，铁木真出动大军，攻打位于蒙古草原西部的乃蛮部。乃蛮部不属于蒙古部落，而是突厥族。乃蛮部不堪一击，在纳忽崖之战中被彻底消灭。

这样，铁木真经过二十多年的不懈奋斗，终于把蒙古草原上大大小小的部落统一起来，形成了强大的蒙古民族。一代天骄铁木真，主宰了整个蒙古草原。

铁木真统一草原之后，就要建国立业，一个强大的大蒙古国，便横空出世，在历史上留下了辉煌耀目的一页。

大蒙古国横空出世

1206 年，铁木真在统一蒙古诸部以后，在斡难河河源（今蒙古国境内）召开大会，宣布成立大蒙古国，铁木真被尊奉为成吉思汗。此时，成吉思汗四十五岁。

成吉思是蒙古语，含义是指大海般的浩瀚辽阔，具有无比强大的力量；汗是蒙古人对君王的尊称，相当于皇帝。成吉思汗的意思，是指有着大海般宽阔和巨大力量的帝王。也有人认为，成吉思汗是指坚强、最大，有天皇帝或天汗之意。总之，这是一个具有崇高意义的称号。

成吉思汗确实有着雄才大略，他不仅能够打天下，而且还会治天下，他建国以后，制定了一系列统治制度，形成了以蒙古贵族共和政体为特征的强大国家。

成吉思汗最重要的统治制度，是在全国实行千户制。成吉思汗把国内所有民众，编制成了九十五个千户，由贵族和功臣担任千户长。千户下面设百户、十户，分层进行管理。千户上面设了左右翼两个万户长，由成吉思汗最信任的大臣博尔术和木华黎担任。这样，从上到下，把原来分散的部落和民众全部组织起来，形成了有效的管理和统治。

千户制既是地方行政管理单位，也是军事组织机构，取代了过去的氏族部落，形成了新的组织形式。千户制实行军政合一、兵民合一，长官由朝廷任命，既管军队，也管行政事务。老百姓下马为民，从事农牧业生产；上马为兵，随时准备对外征战。

千户制是大蒙古国基本的组织形式，它把各部落、各民族的百姓有效组合成一个整体，既有利于发展生产，又有利于增强军事力量，十分符合当时人口稀少、战事频繁的社会需要。

成吉思汗与以往少数民族统治者不同的是，他不仅实行兵民合一制度，而且还建立了一支强大的常备军，被称为怯薛制。

成吉思汗在战争中认识到，过去游牧民族长期实行的兵民合一制度，固然有利于保证兵源，但缺乏训练，军纪不严，容易溃散，战斗力不强，因而成吉思汗在统一蒙古诸部战争中，就十分重视建立常备军。常备军专以作战为主，军纪严明，训练有素，战斗力很强，这是他最终征服各个部落、称霸草原的重要原因。

大蒙古国建立以后，民众大增，条件更加具备，成吉思汗进一步加强常备军建设。常备军分为三军，每军兵力在万人以上。常备军的士兵，主要由两类人员组成：一类是从各千户中挑选出来的勇士和精壮士兵，个个体魄健壮，身手不凡，能够以一当十；另一类是贵族、大臣、千户长和百户长的子弟们，他们对朝廷忠诚，而且还有充当人质的作用。常备军的军官，都是身经百战、对成吉思汗绝对忠诚的将领。常备军由成吉思汗亲自指挥，平时作为大汗的护卫部队，战时充当主力和先锋。因此，常备军是一支精锐之师，是成吉思汗军队中的核心力量，在征战中发挥了极其重要的作用。

成吉思汗善于用人，尤其善于发现和重用具有军事才能的人，因而在统一蒙古诸部战争中，涌现出一批能征善战、功勋卓著的将领，著名的有"四杰""四勇""四弟""四子""四养子"等。大蒙古国建立以后，成吉思汗自然要大封功臣，级别高的功臣封了八十八名，都当了千户长以上的高官。这些功臣和蒙古贵族，取代了原来各部落的奴隶主和氏族贵族，形成了新的奴隶主阶层，成为大蒙古国的统治集团和上层社会。

成吉思汗的一个重大贡献，是为大蒙古国制定了法律，叫作《大扎撒》，也被称为《成吉思汗法典》。《成吉思汗法典》是第一部蒙古族的成文法典，在当时的大蒙古国具有最高权威性，是大蒙古国的根本大法。

成吉思汗还创造了蒙古文字。蒙古族原先只有口头语言，没有文字，平时靠结草刻木记事。成吉思汗觉得这样很不方便，也不符合大蒙古国的形象，于是命一个叫塔塔统阿的畏兀儿人，在畏兀儿文字基础上创造了蒙古文字。这是蒙古族历史上的伟大创举，正因为有了文字，大蒙古国才有可能颁布法律，撰写《蒙古秘史》等大量书籍，促进蒙古族的文明发展。

成吉思汗对宗教实行信仰自由、兼容并包的宽松政策。蒙古族原先信仰萨满教，后来，佛教、道教、伊斯兰教等，也都获得很大发展。

成吉思汗志向远大，雄心勃勃。他曾经说过，让普天之下，皆成为蒙古人的牧场。大蒙古国建立以后，已经不满足于蒙古草原一地，于是，蒙古铁骑便冲出草原，驰骋天下，大肆扩张领土。

蒙古灭西夏之战

成吉思汗统一蒙古诸部、建立大蒙古国之后，开始对外扩张，他首先将矛头对准了自己的邻居西夏国。

西夏国，是党项族建立的政权。党项族是羌族的一支，原先居住在四川松潘高原，后依附唐朝，被安置在北方夏州一带。党项族首领因参加平定黄巢起义有功，被唐朝封为夏州节度使，并赐李姓。

五代时期，中原混乱，党项族占据西北五州之地，形成半割据政权。宋朝建立以后，企图吞并党项地盘，但没有成功，征伐失败，只好承认其独立地位。此后党项族势力发展很快，夺取了河西走廊，占据了今宁夏和甘肃、陕西、内蒙古部分地区，拥有二十个州。

1038 年，党项族首领李元昊正式建国称帝，国号大夏，史称西夏。李元昊是党项族的英雄人物，能征善战，使得西夏势力进一步扩大，与宋、辽、金政权时而和谈，时而发生战争。西夏领土东到黄河，西至玉门关，南接萧关，北控大漠，占地两万余里，国力比较强盛。

到了成吉思汗势力兴起的时候，西夏已经建国一百六十多年了。可是，在西夏后期，由于皇位更替频繁，内部混乱，实力已经大不如从前了。西夏是大蒙古国的近邻，成吉思汗要想向南、向西扩充势力，就必须灭掉西夏。

然而，西夏国势力依然不小，西夏人勇武强悍，成吉思汗想吞并西夏，也并非易事。从 1205 年开始，成吉思汗先后六次征伐西夏，其中四次由成吉思汗率军亲征，双方进行了长达二十二年的战争，其间经历过和谈和联盟，直到 1227 年，大蒙古国才最终灭掉西夏。

1205 年，在大蒙古国建立前夕，成吉思汗第一次出兵攻打西夏。

西夏与克烈部接壤，两家关系不错，成吉思汗攻打克烈部的时候，西夏支持克烈部，惹得成吉思汗大为不满。所以，当成吉思汗灭掉克烈部之后，就对西夏进行报复。不过，成吉思汗当时的势力，不足以灭掉西夏，因而只是攻击西夏边境的一些城镇，进行烧杀抢掠。此后，双方在边境一带冲突不断。

1207年，大蒙古国成立后的第二年，成吉思汗再次出兵西夏，攻打西夏的斡罗孩城（今内蒙古境内）。西夏军队顽强抵抗，打败了蒙古军，守住了城池。此战使成吉思汗意识到，灭掉西夏不是一件容易的事情，而且在蒙古南边，还有一个更加强大的金国，绝不能让西夏与金国联合。于是，成吉思汗改变策略，打算用武力逼迫西夏与自己联盟。

1209年，成吉思汗出动大军，第三次攻打西夏。这一次，成吉思汗改变了进军路线，没有从正面进攻，而是从西边迂回，占领了西州回鹘，致使西夏失去了西部屏障。随后，蒙古大军从河西地区进军，再次攻击斡罗孩城，经过激战，最终攻占了城池。斡罗孩城丢失，直接威胁西夏都城兴庆府（今宁夏银川）。西夏皇帝惊慌，向蒙古求和。成吉思汗提出条件，要求西夏"附蒙伐金"。西夏皇帝只好答应了。

西夏被迫与蒙古结成了联盟，并按照蒙古的要求，不断出兵征伐金国。成吉思汗成功逼迫西夏为自己效力，很是得意。西夏与金国为敌，互相消耗实力，两败俱伤，蒙古坐收渔翁之利。这样的局面，维持了十多年时间。

西夏被绑在蒙古战车上，军队长期作战，损失很大，疲惫不堪。国内经济也大受影响，民众负担过重，生活贫苦，社会动荡不安。偏偏西夏皇帝又十分昏庸，苟且偷安，沉湎于酒色之中。1211年，西夏宗室李遵顼发动政变，夺得皇位，成为西夏第八任皇帝。可惜李遵顼也是一个昏君，使得西夏国力每况愈下。

成吉思汗见西夏国力大减，觉得是灭掉西夏的时候了，于是，从1217年开始，又数次出兵攻打西夏。这一次，成吉思汗是下决心要灭掉西夏了。

李遵顼见蒙古大军来势汹汹，惊慌失措，赶紧逃到灵州躲避，而把朝政交给太子李德旺，后来，干脆把皇位也让给了太子。李德旺没有办法，只好撑起了破败的西夏江山。他一改前朝政策，与金国联盟，共同对付蒙古，与蒙古军队周旋了好几年。这期间，成吉思汗率军西征，横扫中亚和东欧，给了西夏政权一个苟延残喘的机会。

1225 年，成吉思汗西征获得巨大成功，得胜而返。成吉思汗率胜利之师，最后一次向西夏发动进攻，决心彻底消灭西夏，扩大自己的版图。李德旺知道已到了最后关头，只得倾全国之力，奋起抵御。

蒙古大军兵分两路，大将速不台率军从西面攻击，成吉思汗率主力从东北方向进攻。经过半年多激战，蒙古军攻占了沙州、肃州、甘州等地。眼看着蒙古大军步步进逼，西夏危在旦夕，李德旺忧虑而死，时年四十六岁。李德旺的侄子李睍继位，成为西夏最后一位皇帝。

西夏军民进行了顽强抵抗，让蒙古军付出了沉重代价。蒙古军在攻打德顺城（今宁夏隆德县）的时候，起初认为这小小城池不在话下。不料，德顺守将马肩龙有勇有谋，胆略过人，他亲自登城指挥战斗，军民同心协力，蒙古军攻击一天，没有取得任何进展。到了傍晚，蒙古军疲惫，马肩龙看准机会，突然率军杀出，蒙古军猝不及防，死伤惨重。马肩龙把砍下的蒙古军士兵头颅挂在城墙上示众，以鼓舞士气。

成吉思汗大怒，亲自指挥攻城，他把军队分成四个批次，轮番进攻，一刻也不停止，使守军疲于奔命。最终，因寡不敌众，德顺城陷落，马肩龙战死。

经过一年多的激烈战斗，蒙古大军成功实行"黄河九渡"，占领了西夏大部分领土，最后，只剩下孤零零的都城兴庆府了。成吉思汗派使者进城，要求西夏投降，但被拒绝。

1227 年，坚守半年之久的兴庆府粮草断绝，无法坚持了，李睍只好率众投降，西夏从此灭亡。

李睍投降后仍然被杀，蒙古军入城后烧毁宫殿，屠杀军民，西夏文化遭到毁灭性破坏。蒙古军用暴力写下了不光彩的一页。

蒙古军南下伐金

　　成吉思汗为了对外扩张，在打压西夏的同时，对另一个邻居金国也发动攻击。不过，金国势力比西夏强大得多，成吉思汗毕其一生，也没有灭掉金国，但他率军征伐，对金国造成重创，为儿子窝阔台灭金铺平了道路。

　　金国是女真族建立的政权。女真族起源于中国东北地区，大约在唐朝时期基本形成了民族形态。女真族以狩猎、畜牧、农耕为主，身体强壮而敏捷，善于骑射。

　　女真族部落分散，不能凝聚力量，因而长期受契丹人统治。后来，女真族出了一位英雄人物，名叫完颜阿骨打。完颜阿骨打统一了女真各部，并联合东北地区的其他民族，驱逐了契丹，其势力迅速崛起。

　　1115 年，完颜阿骨打在东北地区建立了金国，开展了十年伐辽战争，后与宋朝联合，灭掉了辽国。随后，金国大军南下，攻陷开封，灭掉北宋，占领了中国北方广大地区。

　　金国统治的地区地域辽阔，东到大海，西至关中，南抵淮河，北部包括华北、东北和俄罗斯远东地区，国力十分强盛。金国南部与南宋对峙，时常发生战争，西北和北部则与西夏、蒙古接壤。金国对蒙古部落也时常进行侵扰，每隔几年就要围剿一次，掠夺财物和人口，把年幼的蒙古子女卖为奴婢，还先后捕杀了多名蒙古部落首领。当时蒙古部落分散，力量弱小，对金国无可奈何，但却埋下了仇恨金人的种子。

　　成吉思汗在统一蒙古诸部战争中，借用了金国的名声和力量，他被金国授予"札兀惕忽里"的官号，便利用这个身份抬高自己，兼并其他部落。成吉思汗势力增强、建立大蒙古国以后，就不再跪拜接受金国皇帝的诏令，而与金国分庭抗礼了，后来更是屡次出兵攻击金国。

此时，金国的皇帝叫完颜永济，是金国第七位皇帝。完颜永济昏庸，忠奸不分，没有治国才能，致使朝廷腐败黑暗，民众怨声载道，社会动荡不安。金国虽然统治的地盘很大，却已经是外强中干了。

1211年，成吉思汗利用蒙古人对金国的仇恨，在克鲁伦河畔举行誓师大会，开始了长达七年的伐金战争。成吉思汗出动的兵力约二十万，而金国仅在北部的军队就有四五十万人。不过，蒙古军骁勇善战，战斗力超过金兵。

成吉思汗亲率大军，越过沙漠，进入到汪古族人的地盘。汪古部落是金元时期的一支少数民族，依附于金国，替金国守护北边，提防蒙古。可是，汪古部对金国不满，转而投向了蒙古，被成吉思汗封为八十八功臣之一。如此重大之事，金国居然不知道。

汪古部归附了蒙古，等于打开了金国的北大门，成吉思汗率军长驱直入，很快抵达金国的军事重镇乌沙堡。乌沙堡是金国用来防御蒙古的军事防御工程体系，筑有城墙和堡垒，堡垒以暗道相连，还修建了屯兵城，驻扎重兵。乌沙堡防御体系十分坚固，可守军没料到蒙古军突然杀到，惊慌失措。蒙古军一举攻占乌沙堡，歼灭金兵，并将防御工事悉数捣毁。

蒙古军首战乌沙堡，获得大捷，随即马不停蹄，继续南下，连续攻占桓州、昌州、抚州、宣州、武州、宁州等地。

金国皇帝听说蒙古军大举入侵，慌了手脚，急忙调集北部的几十万兵马，集结于野狐岭（今河北张家口万全区境内）一带，准备进行决战。

成吉思汗率军日夜兼程，快速南下，途中正在生火做饭，忽然得到情报，说金军在野狐岭一带集结。此地离野狐岭已经不远，成吉思汗立即下令，倒掉食物，不再吃饭，急速向野狐岭进军，占领了野狐岭北面山口等有利地形。

野狐岭之战，惊心动魄。金军比蒙古军兵力多一倍，仗着人多势众，蜂拥向蒙古军冲杀。蒙古军大将木华黎高声疾呼："敌众我寡，必须拼死决战，绝不能后退半步！"木华黎身先士卒，带头冲锋，蒙古军士兵斗志高昂，个个奋勇向前。双方杀得天昏地暗，血流成河。蒙古军地形有利，士兵勇猛，最终取得胜利，金兵溃败而逃。

成吉思汗不给敌人喘息机会，挥军追杀，一直追到会河堡（今河北怀安境内），将一部分金军包围，全部予以消灭。这样，经过乌沙堡、野狐岭、会河堡三次大战，金军在北方的精锐军队几乎丧失殆尽。成吉思汗率军在金国北部边境驻扎下来，进行休养整训。

蒙古军整训之后，开始大举攻伐金国，1213 年至 1214 年，爆发了著名的三路伐金之战。蒙古大军兵分三路，南下攻击中原。皇子术赤、察合台、窝阔台率西路军，沿太行山东麓向南进攻；皇弟哈撒儿等人，率东路军攻打蓟州等地；成吉思汗和小儿子拖雷，从河北向南进军，直捣黄河。

蒙古军经过整训，士气大振，兵强马壮，三路大军驰骋中原大地，所向披靡，势如破竹，几乎侵略了黄河以北的所有金国领土。不到一年时间，蒙古军相继攻破九十余郡，只有金国都城等十一城，尚在金军手中。

蒙古军这次征伐中原，采取了野蛮的掳掠作战方法，不长期占领城池，只满足于劫杀掠夺，每攻下一城，就大肆烧杀抢掠，随后离去。蒙古军暴虐，把对金人的仇恨转嫁到中原民众身上，仅在保州一地，就屠杀民众数十万人。蒙古军所到之处，无不生灵涂炭，造成千里无人烟，中原人民遭受空前浩劫。

1214 年，成吉思汗调集大军，围攻大都（今北京）。大都军民拼死抵抗，蒙古军久攻不下。金国皇帝向成吉思汗奉献美女、金帛和马匹，求和停战。成吉思汗见大都难以攻克，便同意了。

1217 年，成吉思汗封大将木华黎为太师、国王，把他留在中原，自己率主力返回，准备西征。

木华黎率领部分蒙古军，继续经略中原。木华黎有勇有谋，他改变了肆意杀掠的做法，收降了一些地方武装为其效力，占领中原数十座城池，使得金国领土支离破碎。金国遭受沉重打击，离灭亡已经不远了。

成吉思汗返回后，不久率军西征。蒙古铁骑在中亚土地上纵横驰骋，展现出强大的力量，同样也宣泄了暴力。

成吉思汗西征中亚

　　成吉思汗重创了西夏和金国，两国灭亡已经是时间问题了。于是，成吉思汗又把目光转向辽阔的西方，他要带领蒙古铁骑，去征服西方之地。

　　大蒙古国的西邻，是西辽。西辽是辽国灭亡之后，其残余势力在西域建立的政权，仍然使用辽国国号，史称西辽。西辽建国已经九十多年了，逐步征服了周围一些部落，势力不断扩大，疆域包括今新疆和中亚部分地区，都城叫虎思斡鲁朵，在今吉尔吉斯斯坦境内。西辽挡在成吉思汗西征的路上，成吉思汗向西进军，必须首先要灭掉西辽。

　　此时的西辽皇帝，名叫屈出律，是乃蛮部首领的儿子。成吉思汗灭掉了乃蛮部，屈出律逃到西辽，西辽老皇帝耶律直鲁古很喜欢他，招他为女婿。可是，屈出律却恩将仇报，在聚集力量之后，发动政变，篡夺政权，自己当了皇帝。屈出律得位不正，人心不服，他又凶残暴虐，结果遭到众人反对，他的统治很不稳固。

　　成吉思汗看准了这个机会，于 1218 年出兵，扬言只抓获屈出律，为民除害，不与当地百姓为敌。结果，西辽民众群起响应，军队也都倒戈。屈出律众叛亲离，只好仓皇逃窜，身边跟随者只有二十三人。蒙古军不费吹灰之力，斩杀了屈出律，占领了西辽。

　　与西辽相邻的，是花剌子模。花剌子模是中亚地区的大国，包括今乌兹别克斯坦和土库曼斯坦两个国家的土地，面积达三百六十万平方公里。花剌子模占据丝绸之路的重要路段，贸易十分繁荣；花剌子模多是波斯人和阿拉伯人，以善于经商而闻名。

　　大蒙古国建立以后，与花剌子模通商活动十分频繁，也时常发生贸易纠纷，后来发生了著名的"讹答剌惨案"，成为两国交战的导火索，也成为成吉思汗西征的最好理由。

1218年，成吉思汗派出了由四百五十人组成的大商队，用五百峰骆驼，驮着珠宝、丝绸、药材等贵重商品，前往花剌子模，打算换回马匹、粮食等物资。商队走到花剌子模境内讹答剌城（今哈萨克斯坦境内），守城将领贪图财物，将商队扣留，并报告国王摩诃末，谎称商队里有成吉思汗的密探。

摩诃末是个狂妄的家伙，他刚征服了巴格达和阿富汗地区，势力正盛，大有称霸天下之野心。摩诃末不经调查，就蛮横下令，没收财物，处死全部商队人员。幸亏有一人侥幸逃了回来，向成吉思汗哭诉了惨案之事。

成吉思汗闻之大怒，但他还是按照惯例，派三名大臣前去交涉，要求惩办凶手，归还货物。不料，摩诃末更加狂妄，竟然将为首的大臣杀害，把另两个大臣剃光胡须，驱逐出境。

成吉思汗这回怒不可遏了，蒙古人也全都被激怒，纷纷要求报仇雪耻。成吉思汗立即做了部署，征集十七岁至六十岁的男子全部入伍，建造了大量攻城器械，做好了一系列战争准备。

1219年，成吉思汗留皇弟斡赤斤镇守蒙古，自己亲率二十万精锐骑兵，任命大将哲别为先锋，踏上了西征之路。花剌子模拥有四十万军队，但据守各地，军力分散，而且多数是步兵，骑兵只有四万人左右，因而难以抵挡蒙古铁骑。

蒙古大军首先来到讹答剌城，发誓为死难的商队人员复仇。守城将领知道自己惹了大祸，绝无生路，只得拼死抵抗。蒙古军攻城五个多月，终于攻破城池，全歼了守军。蒙古军在讹答剌城展开疯狂报复，男女老幼无一人幸免，无辜百姓付出了沉重代价。蒙古军放火焚烧，将讹答剌城夷为平地。

随后，蒙古大军兵分四路，像旋风一般，横扫花剌子模全境。蒙古骑兵训练有素，勇猛凶悍，来去如风，打得敌人闻风丧胆，溃不成军。花剌子模军队在野战中毫无招架之力，只好退入城中，凭坚据守。

成吉思汗早就做好了攻城准备，专门建有炮军，随军的攻城专家就有一万多人。花剌子模的城池，多数并不坚固，经不住蒙古军大炮轰击。蒙古军用大炮轰倒城池后，骑兵便蜂拥入城，展开屠杀，无数花剌子模人死于蒙古铁骑的刀下。

面对强敌，花剌子模人有的献城投降，有的则顽强抵抗。成吉思汗下令，凡不投降者，城破后一律屠城。在攻打范延堡时，成吉思汗的爱孙不幸阵亡。成吉思汗悲愤至极，下令破城后不留一个活物，结果不仅杀掉了所有居民，连牲畜和鸡、猫、狗之类，也杀了个精光，真是鸡犬不留。

蒙古铁骑横扫花剌子模大地，在一年时间内，大多数城池都被攻陷和毁坏，到处是断壁残垣，尸横遍野，一片狼烟。花剌子模统治者犯下的错误，却让普通百姓承受了巨大的痛苦和灾难。

1220 年，蒙古四路大军在撒马尔罕城下会师。撒马尔罕城在今乌兹别克斯坦境内，已有两千五百多年的历史，当时是花剌子模的都城。撒马尔罕城中尚有守军十一万人，但顶不住蒙古军的大炮和猛烈攻势，不到十天就陷落了。蒙古军入城后，照例烧杀抢掠，毁坏建筑。撒马尔罕城遭受灭顶之灾，成为一片废墟，两千五百多年的建筑艺术毁于一旦。

在撒马尔罕城陷落之前，花剌子模国王摩诃末见大势已去，向西逃往黑海、里海之间的高加索一带，他的太子札兰丁则向南逃往印度河流域。成吉思汗不肯罢休，分两路穷追不舍，这样，蒙古大军进入了东欧地区。

哲别、速不台率军向西追击，进入伊朗、钦察和俄罗斯境内。当地军队进行阻击，却不是蒙古铁骑的对手。蒙古军大败钦察和俄罗斯联军，占领了钦察地区（今西伯利亚一带）。摩诃末走投无路，逃到里海上一个小岛，不久病死。

成吉思汗率军向南追击，进入阿富汗和印度境内，一路战无不胜，将札兰丁带领的三万残兵全部消灭。札兰丁跳河逃走，侥幸生还。

成吉思汗率领的蒙古铁骑，经过六年奋战，灭掉花剌子模，占领中亚大片土地，取得巨大胜利。战后，成吉思汗将新得到的土地，分给了他的三个儿子。

长子术赤的封地，包括花剌子模全境及咸海以西、里海以北的土地；次子察合台的封地，东起阿尔泰山，西至阿姆河，包括西辽全境和天山南北；三子窝阔台，得到了乃蛮部的土地，在巴尔喀什湖以东。后来，在这些地方，分别建立了钦察汗国、察合台汗国、窝阔台汗国、伊利汗国，都属于大蒙古国，被西方人称为蒙古帝国。大蒙古国横跨亚欧大地，全盛时面积达三千多万平方公里。

成吉思汗第一次西征，横扫中亚地区，获得大片土地。后来，在成吉思汗儿子窝阔台时期，举行第二次西征，走得更远，横扫欧洲大陆，击溃罗马帝国联军，大败匈牙利，征服保加利亚，势力达到意大利半岛。在成吉思汗孙子蒙哥时期，又举行第三次西征，一直打到叙利亚，征服波斯地区，灭掉阿拉伯帝国。

大蒙古国三次西征，先后灭掉四十多个国家，统治了东亚、中亚、西亚、东欧大片地区，形成了前所未有的横跨亚欧的巨大帝国，对世界历史产生了重大影响，促进了东西方文化贸易交流和民族融合，有一定的积极意义。

不过，大蒙古国在西征过程中，也充满了暴力和血腥，无数城池被毁坏，无数百姓被屠杀，一些地区的文明遭受重大破坏，给一些地方造成重大灾难和痛苦的记忆。这是应该予以谴责的。

需要指出的是，在当时的中华大地上，同样遭受了大蒙古国铁骑的蹂躏。大蒙古国与后来的元朝，不是一个概念。

大蒙古国之所以能够无敌于天下，靠的是一支战无不胜的强大军队，被人们称为蒙古铁骑。那么，蒙古铁骑究竟有什么奥秘呢？

蒙古铁骑所向无敌

成吉思汗建立了横跨亚欧的蒙古帝国，靠的是一支训练有素、骁勇善战、行动迅速的骑兵部队，被称为蒙古铁骑。蒙古铁骑是当时世界上最精锐的军队，无坚不摧，纵横于天下。

军队的第一要素是人。蒙古人世代居住在草原，从小在马背上长大，吃肉喝奶，因而身高力大，体魄健硕，吃苦耐劳，性情剽悍，不惧困难和危险，具有一往无前的气概。

成吉思汗统一蒙古诸部以后，民众大增，单靠放牧，很难维持生计，于是频频发动战争，大肆掠夺财物，以此作为民族生存和发展的依靠，大蒙古国走向了军事立国之路。

为了适应国家军事化的需要，成吉思汗倾力打造一支强大的军队。蒙古男童从三四岁开始，就要接受军事训练，学习骑马射箭和各种搏击技艺，同时锻炼在艰苦条件下生存的能力。

经过长时间的训练，蒙古骑兵个个骑术精良，箭无虚发，战斗素质和技能十分惊人。蒙古骑兵的意志和适应能力很强，在完全无粮无柴的情况下，他们靠吃生马肉、喝马奶，也毫无问题。因此，蒙古军在远征的时候，不需要有庞大的后勤保障。

骑兵主要依赖战马。蒙古马也是优良品种，虽然个头不是很大，但具有超强的忍耐力和适应能力。战马也经过长时间的训练，能够适应各种环境和气候。

蒙古战马耐力很强，可以长时间不停地奔跑，适合长途奔袭；适应能力十分惊人，不惧酷暑严寒，在零下四十摄氏度照样奔跑如飞，而且很会寻找食物，无论是在亚洲的高寒荒漠，还是在欧洲平原，蒙古战马都能找到食物，甚至在茫茫雪原上，也能找到吃的东西。真是宝马良驹。

蒙古骑兵的突出特点，是组织严密，军纪严明。许多游牧民族都实行兵民合一制度，上马为兵，下马为民。这种方式缺乏组织和训练，打仗一窝蜂，打胜仗时兴高采烈，士气旺盛；打败仗时则一哄而散，溃不成军。成吉思汗对军制进行了改革，着重加强组织性和纪律性，建立了一支强大的常备军。

蒙古骑兵的野战部队，一般由三个纵队组成，每个纵队一万人左右，下设若干个层级，相当于现代军队的团、营、连、排，最小的作战单位由十骑组成，相当于班，军官都是选拔骁勇并且立有战功的人担任。每名骑兵都有两三匹战马，轮换骑乘，一天能跑数百里，来去如风，如同旋风一般。

蒙古骑兵纪律性很强，军纪严明，令行禁止。成吉思汗改变了过去游牧民族骑兵松散的状况，制定了严格的纪律和制度，对违反者严惩不贷。成吉思汗采取鼓励士兵杀戮掠夺的政策，刺激士兵对财富的渴望，激发他们的血勇和好战情绪，致使人人成为凶悍野蛮的战士。

蒙古骑兵分为重骑兵和轻骑兵两种，轻骑兵占百分之六十以上。重骑兵连人带马都披挂铠甲，能抵御刀箭。轻骑兵不穿沉重的铠甲，只穿轻巧的丝衣。丝衣织得很密，箭矢不能穿透，只能连箭带衣一同射入人体，但射入不深，一般不会致命，有效降低了死亡率。

蒙古骑兵在作战时，往往先用重骑兵冲锋，把敌人冲垮以后，大批轻骑兵蜂拥而上，对着溃散的敌军大肆砍杀，敌人逃跑时穷追不舍，往往将敌人全部消灭。

蒙古骑兵最得力的兵器是弓箭，每人携带两种箭。一种箭头小而尖，射程远，适用于远射；一种箭头大而宽，杀伤力强，用于近战。另外，蒙古军还有可以连发的弩和大型的复合弓，威力更大。蒙古人从小练习射箭，几乎人人都是神箭手，能够大量杀伤敌人。

另外，蒙古军当时拥有最先进的武器——火药。火药是中国古代四大发明之一，在宋朝时期应用于军事。蒙古人也掌握了这门先进技术，制作了火炮、火箭等新式武器，非常适于攻城。

当时制作的火炮十分简陋，作用有限，但声响很大，烟火迸发，震耳欲聋，十分骇人。西方人没有见过，自然是胆战心惊，往往大炮一响，他们就吓得屁滚尿流，弃城逃跑了。

这么好的利器，可惜中国没有好好研究利用，反而被西方人学了去，制造出洋枪洋炮。数百年以后，西方只有几万人的八国联军，凭借船坚炮利，把大清国打得一败涂地，在中国土地上恣意横行。真是令人痛心。

成吉思汗重视军队素质而不是数量，因而蒙古铁骑数量不是很多，最多时也不过二十万人。

不过，蒙古铁骑无疑是当时世界上最凶猛、最强悍的军队，几乎没有对手。数万铁骑，就可以打败数倍于己的敌人；二十万蒙古铁骑，就足以横行天下了。

忠心耿耿博尔术

　　成吉思汗称雄天下，主要依靠战无不胜的蒙古铁骑，而蒙古铁骑的核心，是领兵将领。成吉思汗善于发现和使用人才，在他的麾下，汇集了一大批能征善战的将军，最出名的是"四杰"，即博尔术、木华黎、赤老温、博尔忽。其中，博尔术以忠心耿耿、知兵善战而著称。

　　博尔术是蒙古阿儿剌部人，阿儿剌部与成吉思汗的乞颜部同是一个祖先，博尔术的父亲与成吉思汗父亲是好朋友，两家是世交。博尔术与成吉思汗同岁，两人从小就关系亲密，结拜为兄弟。

　　成吉思汗父亲死了以后，家族衰落，部众离散，孤儿寡母处于艰难困境之中，许多亲戚朋友都断绝了来往，只有博尔术一如既往，继续与成吉思汗保持着友好关系。博尔术部落离成吉思汗家不远，他俩几乎天天在一起，形影不离。博尔术还给予贫困中的成吉思汗很多资助。

　　有一次，成吉思汗家里唯一财产八匹马被盗贼偷走，成吉思汗不舍，奋起直追。博尔术听说以后，急忙前来相助。两个十多岁的孩子同心协力，把盗马贼打跑，夺回了马匹。

　　博尔术与成吉思汗一块儿长大，情谊比亲兄弟还亲。成吉思汗起兵创业，博尔术自然相随。在每次战斗中，博尔术都是拼死向前，并时刻注意保护成吉思汗的安全。成吉思汗创业十分艰难，经常遇到危险，多亏有博尔术保护，才屡次化险为夷。后来，成吉思汗形成了一个习惯，只要博尔术不在身边，他就睡不着觉；只有博尔术在帐外警戒守护，成吉思汗才能安然入睡。

　　在著名的阔亦田之战中，成吉思汗与札木合展开决战，战况十分激烈。成吉思汗被敌方神箭手哲别一箭射中颈部，昏死过去，战马也被射死了。博尔术抱起成吉思汗，放到自己马上，一口气跑到不尔罕山下。

博尔术见成吉思汗伤口发黑，知道箭头有毒，心中大急，不顾危险，用嘴吸出毒血。成吉思汗奇迹般地活了下来，博尔术却中了毒，嘴肿胀得张不开，差点丧命。

成吉思汗深恨哲别，发誓要杀了他。可是，后来哲别来降时，成吉思汗却喜欢得不得了，完全忘记了一箭之仇，对哲别委以重任。哲别成为成吉思汗著名的大将之一，立下了汗马功劳。

1206 年，成吉思汗建立大蒙古国，奖赏功臣，定博尔术功勋第一。大蒙古国实行千户制度，成吉思汗任命了九十五个千户长，千户长上面只设了两个万户长，由博尔术和木华黎担任。成吉思汗还给予博尔术免死九次的特权。

成吉思汗对博尔术、木华黎说："我所以有今日，你俩功劳最大，我同你们就像车之有辕、身之有臂一样。"博尔术、木华黎作为成吉思汗的左右手，为成吉思汗创业建国立下了不朽功勋。

大蒙古国建立以后，博尔术继续跟随成吉思汗南征北战，再立新功。博尔术被称为军事家，善于用兵，很有智谋，成吉思汗与他商议军事，经常通宵达旦。成吉思汗夸赞博尔术，说有了他，就如鱼得水。

成吉思汗让次子察合台拜博尔术为师，博尔术又担负起了教导皇子的责任。后来，成吉思汗委托博尔术统治自汗庭以西至阿尔泰山的广大地区，博尔术不负重托，尽职尽责，精心治理地方。

博尔术的一生，始终对成吉思汗忠心耿耿，表现了他为人忠义的高尚品德；成吉思汗能够让博尔术尽忠效力，也体现了他的用人智慧和人格魅力。

1226 年，在成吉思汗去世的前一年，博尔术不幸病逝，享年六十五岁。

成吉思汗失去了一生的挚友，悲痛不已。博尔术被追封为广平王，谥号武忠，其子孙被赐予一万七千多户的封地，世代享受荣华富贵。

经略中原木华黎

木华黎，成吉思汗的"四杰"之一，大蒙古国的开国功勋。木华黎最大的功绩，是替成吉思汗独当一面，经略中原，沉重打击了金国势力，为蒙古灭金打下了基础。

木华黎，蒙古札剌儿部人，1170 年生，比成吉思汗和博尔术小八岁。木华黎出生时白气充满营帐，神巫惊异，说："此儿不同寻常。"

木华黎长大以后，身高七尺，虎首虬须，面色黝黑，猿臂善射，力大无比，性情沉毅，足智多谋，具有英雄气概。

此时，成吉思汗已经起兵创业，正在四处征战。木华黎的父亲是成吉思汗的将领，将儿子推荐给成吉思汗。成吉思汗一见，就十分喜欢，从此留在身边。木华黎的父亲后来为了掩护成吉思汗，不幸战死沙场。

木华黎胆大，不惧怕任何敌人。有一次，成吉思汗带三十多名随从，路过一个溪谷。成吉思汗见地形险峻，勒住马，回头问木华黎："如果遇到敌军，怎么办？"

木华黎面无惧色，说："不怕！如遇贼人，我以身挡之。"走了一会儿，果然遇到大批敌军。木华黎大喝一声，打马向前，连发三箭，射死三个敌人。敌军惊骇，一哄而散了。

木华黎跟随成吉思汗征战草原，在统一蒙古诸部中立下赫赫战功。在与汪罕部落作战时，木华黎只带数百骑兵，夜袭汪罕大帐，打得敌人溃败而逃。木华黎在多数时候都充当先锋，他英勇善战，屡出奇谋，几乎战无不胜，威名远扬。

1206 年，成吉思汗建立大蒙古国，任命木华黎与博尔术两人为万户长，是军队的最高将领。木华黎与博尔术一起，名列诸将之首。木华黎稍逊博尔术的是，他没有免死九次的特权。

从 1211 年开始，成吉思汗发动了对金国的战争。木华黎随军出征，依然充当先锋。在著名的野狐岭战斗中，木华黎担任总指挥。在战斗发起之前，木华黎发誓："不破金兵，决不生还!"

在战斗当中，木华黎发现，由于地形险峻，不利于骑兵作战，他毅然下令，全军下马，进行步战。木华黎身先士卒，带头冲锋，全军将士士气大振，高声呐喊，奋勇向前。金军被蒙古军的气势吓住了，全线崩溃，纷纷逃命。木华黎指挥大军乘胜追击，金军损失惨重，伏尸百余里，几乎全军覆没。

野狐岭之战以后，蒙古军兵分三路，大举南下，在中原地区大肆烧杀抢掠。在重创金国、抢掠大批财富之后，成吉思汗下令班师。

1217 年，成吉思汗率主力返回蒙古，准备西征，而把木华黎留在中原，封他为太师、国王，让他带领部分蒙古军，继续打击金国势力，经略中原。此后数年，成吉思汗率军西征中亚，东方战场就由木华黎全权负责。

木华黎具有政治家的眼光和才干，他独当一面之后，为了能够长期占领中原，改变了过去的一些政策和做法，取得明显成效。

过去蒙古军征伐中原，不以占领城池为目的，主要是为了抢掠财物。所以，蒙古军每攻下一城，就大肆抢劫，毁坏城池，然后带着战利品撤离。这样做，不仅不利于蒙古对中原地区的统治，而且激起中原人民的激烈反抗，埋下了仇恨的种子。

木华黎在经略中原的时候，下发军令，攻下城池以后，严禁杀人和抢掠，而要张贴安民告示，保护百姓，维护社会治安，以便收买民心。木华黎委派官吏，对城池进行统治和管理，作为长久之计。

木华黎带领的官员和部队不多，他就招降了许多地方武装的首领、当地豪强和有名望的人，给予优待，让他们为蒙古效力。木华黎还对百姓施以恩惠，予以安抚和救助，效果相当不错。

木华黎经略中原六年，打败金国军队多次进攻，先后攻占并统治了山西、河北、山东数十座城池，并对民众实行安抚政策，有效缓解了中原百姓的反抗情绪。木华黎率领的蒙古军占据了金国大部分土地，为最终灭亡金国创造了良好条件。

1223 年，木华黎积劳成疾，不幸病逝，终年五十四岁。

木华黎临终前，心里想的仍然是国事，他对弟弟说："我有一大憾事，就是没有攻占汴京，真是死不瞑目啊！这事只能靠你们了。"

后世对木华黎给予高度评价。木华黎不仅在元朝地位崇高，甚至在明朝、清朝时期，他的塑像都被安置在帝王庙和太庙中，与帝王共享皇家祭祀。

神箭手哲别

成吉思汗麾下的大将，不仅有"四杰"，还有"四勇"，即哲别、者勒蔑、速不台、忽必来。其中，哲别居于"四勇"之首，有神箭手的美誉。

哲别，原名叫只儿豁阿歹，是蒙古别速部人。哲别身手矫健，骑射精良，能够百步穿杨，就是在百步之外射穿杨树叶子，是远近闻名的神箭手。

在成吉思汗统一蒙古诸部战争中，哲别所在的部落与札木合结盟，共同对抗成吉思汗。在著名的阔亦田之战中，哲别一箭射伤了成吉思汗的脖子，还射死了成吉思汗心爱的战马。成吉思汗十分恼怒，发誓要杀哲别报仇。

后来，成吉思汗打败札木合，也灭了哲别的部落，哲别逃亡在外。哲别不甘心自己空有一身武艺无处施展，他见成吉思汗是个英雄人物，便决定前去投靠。

哲别的朋友听说以后，吃了一惊，急忙劝阻，说："你差点杀死铁木真，铁木真对你怀恨在心，你去他那里，岂不是自投罗网吗？"

哲别说："我看铁木真是个胸怀大志的人，凡干大事者，必不计较个人私怨。我若投在铁木真麾下，必能建功立业，不枉一身本领。"

成吉思汗见哲别来降，也吃了一惊，说："你小子胆够大的，射死了我的宝马，还差点要了我的命，竟然还敢来见我。"

哲别不慌不忙地说："在我的箭下，还从来没有人能够存活，您却大难不死，肯定不是凡人。所以，我诚心前来投靠，想辅佐您成就大业。"成吉思汗听了，心里有些得意，脸色平和了许多。

哲别又说："您如果计较小怨，把我杀了，无非污染一块巴掌大的地方；您如果不计前嫌，赦我无罪，我可以为您征战四方，赴汤蹈火，在所不辞。"

成吉思汗久闻哲别大名，本来就舍不得杀他，如今见他真心归降，心中大喜，赶紧置办酒宴，热情款待哲别。成吉思汗还专门为他改名叫哲别（意为箭镞），以示恩宠。从此，哲别成为成吉思汗麾下一员得力大将，立下了赫赫战功。

哲别跟随成吉思汗，投入到统一蒙古诸部战争中。哲别箭法精妙，无人能及，在战斗中发挥了重要作用，敌人闻之丧胆。

塔塔儿部是个大部落，与成吉思汗有杀父之仇。成吉思汗在攻打塔塔儿部时，哲别一马当先，急速发箭，敌人应弦落马，无人能够幸免。哲别重点箭射敌方将领，不少将领死于他的箭下。成吉思汗最终灭掉塔塔儿部，报了父仇。

哲别不仅箭术高超，还胸有谋略，善于统兵。在讨伐乃蛮部时，哲别率领一支军队为先锋，他采取设伏、包抄、断后路等战法，打得敌人狼狈不堪，为战斗胜利做出重大贡献。

1206 年，成吉思汗建立大蒙古国，奖励功臣。哲别战功卓著，被任命为千户长，并且被誉为"四勇"之首。

大蒙古国建立以后，哲别跟随成吉思汗，继续东征西战。哲别率领的军队，特别善于长途奔袭。士兵们每人有三四匹快马，轮换乘骑，在马背上吃肉喝奶，一刻也不停息，一昼夜可行数百里，被称为旋风军。

在攻打金国战争中，哲别率领他的旋风军，日夜兼程，突然出现在金国军事重镇乌沙堡面前。金军措手不及，大败溃逃，蒙古军取得首次大捷。

在平西辽战争中，哲别担任总指挥。哲别利用西辽皇帝屈出律不得人心的有利条件，到处宣扬，只抓获屈出律，不与西辽民众为敌，得到西辽民众响应。屈出律仓皇出逃，但却跑不过哲别的旋风军，很快被擒获处死。哲别拿屈出律的头颅传示各地，西辽各地纷纷归降。

西辽盛产宝马。哲别精心挑选了一千匹白嘴黄马，献给成吉思汗，说："当初我射死了您的宝马，现在还您一千匹。"成吉思汗原来的战马是白嘴的黄马，所以哲别专门挑选了一千匹同样的马。成吉思汗大喜，重赏了哲别。

1219 年，成吉思汗率大军西征，任命哲别为先锋。哲别率领旋风军，在西方大地上大显神威，纵横驰骋，打得敌人闻风丧胆。有一次，哲别只率领五千铁骑，就把三万多敌军消灭殆尽。

在攻占花剌子模都城撒马尔罕之后，蒙古军兵分两路，追击残敌。哲别、速不台率领一路兵马，深入伊朗、钦察和俄罗斯境内，遇到当地军队阻击。哲别军队连战连捷，战无不胜。后来，多个国家组成联军，共同对付蒙古铁骑，但照样不是对手，被打得落花流水。哲别率军横扫诸国，一直打到克里米亚半岛，然后凯旋。

在凯旋的途中，屡立大功的哲别不幸病逝，成吉思汗的"神箭"陨落了。史书没有记载哲别的年龄，不知道他享年多少。

以死报恩博尔忽

在成吉思汗众多大将当中，不仅有"四杰""四勇"，还有著名的"四养子"，即博尔忽、阔阔出、忽图忽、曲出。

成吉思汗的母亲诃额仑心地善良，在乱世中收养了一些无家可归的孤儿。成吉思汗受母亲影响，在战争中遇有失去双亲的流浪儿童，便带回家交给母亲抚养。因此，诃额仑收了许多养子，精心抚养，给予他们珍贵的母爱。成吉思汗也视这些养子如同亲兄弟一般。

这些养子长大以后，多数跟随成吉思汗征战四方。他们感念诃额仑的养育之恩，对成吉思汗忠心耿耿，在战场上出生入死，许多人立有大功，成为蒙古军的著名将领。他们当中有四个功劳最大的，被称为"四养子"，博尔忽是其中之一。

博尔忽，蒙古许兀慎部人。在蒙古各部落互相攻打中，博尔忽的父母都死于战火，幼小的他无依无靠，四处流浪，处境艰难而危险。幸运的是，有一次他遇见了成吉思汗，成吉思汗把他带回家中，交给母亲抚养。

博尔忽年龄虽小，却很有志向，决心长大以后，竭尽全力报答诃额仑和成吉思汗的恩情。因此，他刻苦学习骑马、射箭和各种搏击技术，从早到晚苦练武功，很快成为诸多养子中武功最强的一个。

博尔忽在十三四岁的时候，就哭闹着要上战场。诃额仑和成吉思汗不许，博尔忽就绝食不吃饭。成吉思汗无奈，只好把他带在身边。上了战场之后，博尔忽不听成吉思汗约束，只管向前杀敌。成吉思汗没有办法，同时也十分欣赏他的勇气。

博尔忽在战场上逐渐长大，他身体健壮，武功高强，很少碰到对手，特别是他不惧生死，每次战斗都冲杀在最前边，身上满是伤疤。博尔忽在征讨汪罕部落、攻打乃蛮部、消灭蔑儿乞惕部等战斗中，身先士卒，勇猛向前，为取得战斗胜利立下大功。

博尔忽在战场上的优异表现，赢得了众将士的钦佩和尊敬，也得到成吉思汗的赞赏，命他独领一军。

博尔忽治军有方，赏罚分明，爱护士兵，他率领的军队战斗力很强，几乎战无不胜。博尔忽成为蒙古军中最年轻的将领，与博尔术、木华黎、赤老温齐名。所以，博尔忽有两个身份，他不仅是"四养子"之一，而且还是功勋卓著的"四杰"之一。

1203 年，成吉思汗与汪罕部展开决战。汪罕部势力也很强大，两军展开混战，战况异常激烈。成吉思汗的三子窝阔台不幸中箭落马，一伙敌军冲了过来，眼看窝阔台就要死于敌人乱刀之下。

博尔忽在不远处看见窝阔台危急，心中大急，怒喝一声，单枪匹马冲向前去，杀散敌兵，救出了窝阔台。博尔忽见窝阔台中的是毒箭，不顾危险，用嘴吸出毒血，自己却差点丧命。窝阔台后来继承汗位，成为大蒙古国第二任大汗。

1206 年，成吉思汗建国称汗，封博尔忽为千户长，并作为万户长博尔术的副职，与博尔术同掌右翼军队。因博尔忽救皇子有功，成吉思汗赐他享有免死九次的特权。在成吉思汗众多功臣大将中，享受免死九次特权的，仅有博尔术、博尔忽、赤老温、者勒蔑四人。

1217 年，秃马惕部叛乱，袭杀成吉思汗的官员。秃马惕部是蒙古族的一支，但居住在贝加尔湖以西的山地之中，距离遥远，所以复叛自立，意图脱离成吉思汗的统治。

成吉思汗决定出兵讨伐，博尔忽挺身而出，请求领兵前往。成吉思汗觉得秃马惕部居于崇山峻岭之中，地形险要，十分危险，因而没有答应，而是另派大将纳牙阿率军出征。

纳牙阿在出征之前，忽然得了急病，无法领兵。博尔忽再次请求率军出征，成吉思汗犹豫良久，仍然不肯答应。

博尔忽急了，跪下来恳求，流着泪说："大汗对我有再生之大恩，我博尔忽活着，每一天都在想着报恩，纵然死一万次，也不足以报答大汗天大的恩情。请大汗体谅我报恩的心情，允许我杀敌立功，报效大汗。"成吉思汗被博尔忽的真情所感动，终于答应了。

博尔忽不畏艰险，率军千里出征，直捣秃马惕部。秃马惕部居住的地方，果然山高林密，道路险要。博尔忽不顾危险，挥军进剿，不料误中埋伏，中箭身亡。史书没有记载博尔忽的年龄，应该不到四十岁。

成吉思汗听说博尔忽阵亡，又悲又怒，决定御驾亲征。博尔术、木华黎两人一齐苦劝，于是改由大将朵儿伯朵黑领兵前往，扫平了秃马惕部，为博尔忽报了仇。

博尔忽死后，被追赠太师、上柱国，封为淇阳王。

博尔忽以死报恩，义薄云天，其忠义精神感召天地。

文官之首耶律楚材

成吉思汗靠武力纵横天下，他手下有一大批能征惯战的武将，同时也有一些文臣，为首的是宰相耶律楚材，而耶律楚材却是一个契丹人。

耶律楚材，出身于契丹贵族家庭，是辽太祖耶律阿保机的九世孙，1190年出生于燕京（今北京）。不过，从他祖父耶律德元开始，就在金国做官，他的父亲耶律履，官至尚书右丞，是金国著名贤臣。

耶律履已经高度汉化，他通晓儒学经典，博学多艺。耶律履在六十岁的时候，生了第三个儿子，十分高兴，说："我花甲之年而得子，此子是我家千里驹，日后必成大才，并且为异国所用。"耶律履根据《春秋左氏传》中"虽楚有材，晋实用之"的典故，为儿子取名叫耶律楚材。

耶律楚材长大以后，果然十分有才，他年纪轻轻就博览群书，满腹学问，精通儒学，擅长文章、诗词、书法，还懂得天文地理、律历术数，多才多艺，名声远扬。

成吉思汗建立大蒙古国以后，频频发动对金国的战争。金国皇帝觉得燕京十分危险，便把都城迁到了开封。耶律楚材的两个哥哥都随皇帝去了新都，耶律楚材却留了下来，他当时任金国左右司员外郎。

1215年，蒙古大军攻占了燕京，耶律楚材做了俘虏。幸运的是，成吉思汗爱惜人才，听说耶律楚材很有才华，便亲自召见了他。

耶律楚材当时二十六岁，身高八尺，美髯宏声，风度翩翩。成吉思汗一见耶律楚材，就十分喜欢，经过交谈，觉得他才华横溢，满腹经纶，更是大悦，于是，便与他商讨治国大计。

当时，成吉思汗已经五十四岁，年龄比耶律楚材大一倍多，这一老一少，谈得却十分投机。耶律楚材感到成吉思汗胸怀宽广，是个英雄人物，愿意为他效力。

从此，耶律楚材跟随成吉思汗左右，负责起草诏令文书，管理文籍，参与朝政。耶律楚材通晓征伐、治国、安民之道，经常提出一些重要建议。成吉思汗对他越来越信任，不断擢升他的职务。后来，耶律楚材升任宰相，担任中书令，成为大蒙古国的重臣。

耶律楚材世代居住燕京，长期受汉文化和儒家思想熏陶，深知要想长期统治中原，非用儒家思想治国不可。耶律楚材提出了用儒学治天下的建议，成吉思汗十分认可，但由于四处征战，暂时无暇顾及。到了窝阔台时期，大蒙古国开始推行儒学。蒙古灭掉金国以后，耶律楚材派人四处寻找孔子的后裔，找到了孔子五十一代孙孔元措，让他承袭了衍圣公称号，使宋朝以来的衍圣公称号得以延续。

耶律楚材推崇汉文化，在燕京设立了编修所，在平阳设立了经籍所，召集文人，编撰经史和书籍。编修所和经籍所是大蒙古国编辑、印刷图书的重要机构，对保护、恢复、发展汉文化发挥了重要作用。

耶律楚材建立了国子学，招收学生，学习儒学，并建议恢复科举制度。耶律楚材多次上书说，打天下靠武将，治天下要靠儒生。在他的建议下，大蒙古国于1238年恢复了科举考试，首次录取考生竟达四千多人。

耶律楚材帮助成吉思汗制定了法律，他根据当时情况，制定了《便宜十八事》律令，简便易行，约束力强，有效维护了社会秩序。耶律楚材还制定了官制、礼仪和赋税制度，使大蒙古国逐步走向正轨。

耶律楚材反对蒙古军野蛮杀戮的做法，多次向成吉思汗谏言，起到了一定作用，尤其是保护了一大批文化名人，但总体上效果不大。成吉思汗为了保持蒙古铁骑的强悍，就是要靠杀戮掠夺，来激发士兵的原始勇气，直到统一天下以后，蒙古的杀戮政策才有所改变。

成吉思汗深知耶律楚材有治国之才，他在临终前，嘱咐儿子窝阔台，说："耶律楚材是天赐我家，以后国家大事，都可以委托给他。"

成吉思汗死后，耶律楚材继续为窝阔台效力，有很多治国策略得以实现。耶律楚材辅佐成吉思汗父子三十多年，任中书令长达十四年，尽心竭力为大蒙古国效力。

耶律楚材以儒家思想治国，制定了许多政策方略，促进蒙古人逐渐改变落后的观念和习俗，使汉文化得以保存和发展，为大蒙古国的发展和元朝建立做出了重大贡献。耶律楚材被称为大蒙古国时期卓越的政治家。《元史》和《新元史》都有《耶律楚材传》，对他给予高度评价。

1244 年，耶律楚材病逝，享年五十五岁。消息传出，举国悲哀，不仅汉族人痛哭流涕，蒙古人、契丹人和其他民族的人，也都流泪吊唁。

耶律楚材获得崇高荣誉，被追赠为太师、上柱国，封为广宁王，谥号文正。朝廷还为他建庙立像，供人们祭祀悼念。

耶律楚材作为契丹人，先后为金国、蒙古效力，但却不遗余力地推行汉文化和儒家思想，这是中国各民族融合发展的生动写照，也是中华民族大家庭互相依赖、共同发展、谁也离不开谁的历史现象。

成吉思汗的皇后和儿子

　　成吉思汗有好几个皇后，有四十多位嫔妃，可地位最高、最受宠爱的，是他的发妻孛儿帖皇后。成吉思汗有八个儿子，其中三个早夭，前四个儿子，都是孛儿帖生的。

　　孛儿帖比成吉思汗大一岁，是蒙古弘吉刺部人。孛儿帖的父亲与成吉思汗的父亲是朋友，在她十岁那年，与成吉思汗定了亲。刚定亲不久，成吉思汗的父亲就被仇人害死，成吉思汗开始了艰难贫困的生活。孛儿帖不离不弃，信守婚约，默默地等待着成吉思汗。

　　大约过了十年，成吉思汗重振旧部，有了一定势力，才把孛儿帖迎娶过来。小两口久别重逢，十分恩爱，过了一段甜蜜幸福的生活。

　　不料祸从天降，新婚不久，蔑儿乞惕部来袭，抢走了孛儿帖。成吉思汗怒发冲冠，但他当时实力不强，打不过蔑儿乞惕部，只好暂且忍耐，但无时无刻不在挂念妻子。

　　过了九个月以后，成吉思汗实力增强，又联合汪罕部和札木合部，一举击败蔑儿乞惕部，夺回了孛儿帖。这一仗，成吉思汗是为救孛儿帖而打的，也是他起兵之后的第一仗。由于大获全胜，成吉思汗不仅成功救回了爱妻，而且使他名声大振，许多民众纷纷归附，成吉思汗的势力开始扩大。

　　孛儿帖重新回到丈夫身边，可是，她已经身怀六甲，不久生下一个儿子。孛儿帖是在被抢之前就已经怀孕，还是在被抢期间怀的孕，谁也搞不明白，成吉思汗心里也不清楚。不过，成吉思汗并没有计较，反而觉得愧对妻子，对妻子更加疼爱。成吉思汗是个好丈夫！

孛儿帖从此没有离开过丈夫，不管成吉思汗走到哪里，家里营盘都由孛儿帖掌管。孛儿帖深明大义，端庄贤惠，对成吉思汗的事业给予很大帮助，得到人们尊重。孛儿帖活了七十五岁，寿终正寝。

成吉思汗对孛儿帖的感情始终不减，孛儿帖生了四个儿子和五个女儿。四个儿子个个骁勇善战，成为蒙古军高级将领，被誉为"四子"，与"四杰""四勇""四养子"齐名。

长子术赤，就是孛儿帖从蔑儿乞惕部回来后生的儿子。不管术赤是不是成吉思汗的亲儿子，却具有成吉思汗的英雄气概。他年龄不大就上阵杀敌，二十四岁时独领一军，大败乃蛮部，擒杀其首领太阳汗。随后又率军征服斡亦刺、不里牙刺、巴儿忽等部落，并受命统辖这些地方。

大蒙古国建立以后，术赤参加征讨西夏、金国的战争，又随父西征。术赤在战场上拼杀二十多年，立功无数，是成吉思汗儿子中武功最强、立功最多的一个。

然而，术赤从出生开始，就不断有人质疑他的血统，兄弟们与他不和，使他备受怀疑和歧视。成吉思汗表面上对他很好，给他的封地最大，但心里也怀疑他的血统，因而并不打算让他继位。术赤忧郁成疾，四十五岁病逝。他的儿子拔都，也是个英雄人物，后来率军进行第二次西征，并且建立了钦察汗国。

成吉思汗的次子察合台，比术赤小两岁，也是很早就随父出征，在战场上英勇无敌，屡立战功。察合台认为术赤血统不纯，没有资格继承皇位，自己才是真正的长子，因而与术赤水火不容，曾受到成吉思汗的严厉呵斥。

成吉思汗见长子、次子闹得不可开交，于是指定三子窝阔台为继承人。察合台与窝阔台关系友好，十分维护窝阔台的统治，因而他在窝阔台时期有着崇高地位，在许多问题上起着决定性作用，而且在自己的封地上建立了察合台汗国。察合台五十九岁病逝。

成吉思汗的三子窝阔台，比二哥察合台小三岁。窝阔台自幼生长在战乱不休的环境里，从小在马背上长大，长大后成为一员骁勇善战的虎将。在他十八岁那年，在一次战斗中负了重伤，如果不是博尔忽拼死相救，窝阔台就没命了。

窝阔台不仅是员虎将，而且长于智谋，工于心计。恰巧术赤与察合台不和，形同水火，成吉思汗就把他指定为继承人。窝阔台渔翁得利。

窝阔台成为大蒙古国第二任大汗，他果然干得很出色。窝阔台灭掉了金国，完全统治了中国北方，然后派兵南下，重创南宋，意图统一天下。窝阔台继承父亲遗志，派兵进行第二次西征，深入欧洲，将版图扩大到中亚东欧一带。窝阔台活了五十六岁病逝，他的儿子贵由继承了汗位。

成吉思汗的四子拖雷，比窝阔台小七岁。拖雷长大的时候，成吉思汗已经统一蒙古诸部、建立了大蒙古国，所以他没有参加草原征战。但他随父参加了伐金战争，随后又率军西征，在西方战场上大显身手，表现出很强的军事才能。

成吉思汗在所有儿子当中，最宠爱拖雷，别的儿子都封了土地，独立生活，唯有把托雷留在身边。成吉思汗根据四个儿子的才能和特长，分别安排了不同的职权。术赤掌管狩猎，察合台执掌法令，窝阔台主持朝政，拖雷统率军队。

成吉思汗虽然宠爱拖雷，也知道他有非凡的军事才能，但觉得他缺乏理政能力，于是指定窝阔台为继承人。按照大蒙古国的制度，汗位继承最终要由宗王贵族会议确定。所以，成吉思汗死后，窝阔台并没有立即继位，而是由拖雷监国。

拖雷监国长达两年时间，他手执兵权，如果想自立为汗，也是有可能的。但拖雷牢记父亲的遗嘱，并没有这样做，表明他没有野心。

两年之后，召开宗王贵族会议，经过激烈争论，最终决定由窝阔台继承汗位，拖雷也表示拥护。

窝阔台称汗三年之后，拖雷在军中病死，年仅四十一岁。有的野史说，拖雷是被窝阔台毒死的。

成吉思汗和皇后孛儿帖生的这四个嫡子，都十分出色，为大蒙古国的建立和发展做出了卓越贡献。

成吉思汗的五子兀鲁赤、七子察兀儿、八子术儿彻，皆早夭，没有成年。

成吉思汗的六子阔烈坚，是忽兰皇后所生，他虽是庶子，却很受父亲宠爱。阔烈坚也是一员猛将，随父兄南征北战。在第二次西征期间，阔烈坚不幸战死于俄罗斯，年仅二十九岁。

成吉思汗怎么死的

1227 年，一代天骄成吉思汗去世，享年六十六岁。成吉思汗在位二十二年，1309 年，定谥号法天启运圣武皇帝，庙号太祖。

成吉思汗是中国历史上卓越的军事家，是蒙古族杰出英雄，也是中华民族的杰出英雄。他白手起家，经过多年浴血奋战，创建了横跨亚欧的大蒙古国，被西方称为蒙古帝国。成吉思汗一生经历六十多次战斗，几乎没有打过败仗，被誉为一代战神。

成吉思汗无疑是一位具有传奇色彩的人物，关于他是怎么死的，自然也有许多传说。

《元史》记载，1225 年，成吉思汗西征凯旋，回到蒙古草原。金国听说成吉思汗和蒙古铁骑返回，十分害怕，派使者前来求和。

成吉思汗对大臣们说："现在天下大定，可以向国内外宣布，此后不再杀戮和劫掠，以便使天下人安心。"成吉思汗打算改变他的杀戮政策，由打天下开始转为治天下了。

成吉思汗西征回来以后，决定灭掉西夏，统一北方。成吉思汗亲率大军，渡过黄河，对西夏发动总攻，不久灭掉了西夏。

成吉思汗驻留在六盘山下清水县西江（今甘肃境内）。1227 年七月，成吉思汗患病，医治无效，后驾崩。

成吉思汗临终留下遗言，说："夏国已亡，下一步就是金国了。金国精锐部队多在潼关，南有高山，北有黄河，难以消灭。宋与金是世仇，可以与宋联合，在宋朝地盘上向金国攻击，直捣汴京。金国都城告急，定会从潼关调兵救援，我们就可以歼灭其精锐，灭掉金国了。"

从《元史》记载来看，成吉思汗是病死的，属于正常死亡，而且在临死之时，还念念不忘灭亡金国，统一天下。《新元史》的记载与《元史》相同。

可是，对于成吉思汗之死，其他史书却有许多不同的说法。

据《蒙古秘史》推测，成吉思汗是坠马受伤而死的。成吉思汗爱好打猎，有一次在阿儿不合围猎，成吉思汗骑一匹红沙马，跑在最前面。不料，旁边突然蹿出一匹野马，红沙马受惊狂跳，把成吉思汗掀下马来。成吉思汗坠马倒地，被后面急驰的马踩踏致死。

《蒙古秘史》是蒙古族最早的一部史书，是蒙古人写的，与《蒙古黄金史》《蒙古源流》并称为蒙古民族三大历史著作，被联合国教科文组织列为世界名著。

《圣武亲征录》记载说，成吉思汗是中箭死的。1227年，成吉思汗亲率大军攻打西夏，在战斗中膝部中了一箭，不料箭头有毒。成吉思汗伤势严重，一病不起，最终丧命。

《圣武亲征录》也是蒙古人写的一部史书，记载了成吉思汗一生征战之事，具有重要的史料价值。

《马可·波罗游记》记载说，成吉思汗是中毒而死，说法与《圣武亲征录》差不多，由于箭头有毒，成吉思汗毒发身亡。

《马可·波罗游记》是13世纪意大利商人马可·波罗所写，记载了他游历中国以及中亚、西亚等地的见闻，其中有不少关于蒙古的事情。《马可·波罗游记》是世界学术名著之一，是有关历史和地理的重要典籍，在世界上产生了很大影响。

《蒙古源流》却记载说，成吉思汗是死在女人手里。成吉思汗征服西夏之后，得到了美丽的西夏王妃，十分高兴，召来陪寝。不料，西夏王妃心中充满亡国之恨，趁成吉思汗熟睡，用匕首将他刺死。

《蒙古源流》是清朝大臣萨囊彻辰撰写的一部史书，是蒙古民族三大历史著作之一，对研究蒙古族历史有着重要参考价值。作者萨囊彻辰是蒙古族人。

另外，在一些野史笔记当中，对成吉思汗的死因，更是说法众多，五花八门，甚至荒诞不经。比如，有的野史说，成吉思汗不孝敬母亲，导致母亲生气而死，上天为了警告不孝者，降下霹雳，把他劈死了。这显然是对成吉思汗的诋毁和抹黑。

成吉思汗作为一代英雄，有着许多英雄传奇，对他的死因有许多传说，是不足为奇的。

《元史》和《新元史》并没有采纳这些传说，而是都记载成吉思汗是病死的。《元史》和《新元史》是治学严谨的正史，《元史》是明朝人写的，《新元史》的作者是近代人，他们都没有必要为成吉思汗避讳和遮掩。所以，笔者还是相信正史的说法，成吉思汗属于正常病逝。

鹬蚌相争老三继位

窝阔台是成吉思汗第三子，他前边有两个英武的哥哥，本来与汗位无缘，可是，两个哥哥相争，形同水火，于是，成吉思汗决定，由第三子做继承人，窝阔台渔翁得利了。

1219 年，成吉思汗为报花剌子模杀害商队之仇，亲率二十万蒙古铁骑西征。此时，成吉思汗已经五十八岁，在那个时代属于高龄了。

在出征之前，成吉思汗向皇后嫔妃们告别。众嫔妃都祝愿成吉思汗旗开得胜，早日凯旋。富有智慧的也遂皇后却流着泪说："大汗年事已高，此去千山万水，十分艰险，万一不测，像乱麻一样的国事谁来裁决？像麻雀一样的民众由谁管理？希望大汗早日定下继承人，以安百姓之心。"

成吉思汗听了，十分感慨，说："也遂说得对！世上没有长生不老之人，何况此去千难万险，生死难料，定下继承人，对国家大有益处。可惜如此大事，木华黎等一班大臣，却无一人提起，还不如女人有见识。"成吉思汗重赏了也遂皇后。其实，这样的大事，大臣们是不敢轻易建言的。

成吉思汗召集弟弟和儿子们，商议立继承人之事。成吉思汗有四个嫡子，都已成年，而且个个勇猛善战，屡立战功。其中长子术赤，时年三十九岁，已经征战二十多年，立功最多，按理说应该非他莫属。于是，有人提议，由术赤做继承人。

成吉思汗沉默不语，没有表态。成吉思汗怀疑术赤不是他的亲儿子，所以为他取名叫术赤。术赤在蒙古语中是客人或不速之客的意思，好像是外来人。成吉思汗觉得，让术赤继承汗位，心里实在别扭。

术赤刚要开口，想谦让一下，不料，次子察合台却跳了起来，说："怎么能让这个蔑儿乞惕的种继承汗位呢？"察合台的话，捅破了一层窗户纸，众人愕然，成吉思汗尴尬。术赤勃然大怒，猛然扑上前去，与察合台厮打起来。众人赶紧将两人拉开。

　　成吉思汗生气地呵斥察合台："你胡说八道什么！术赤就是我的亲儿子，是你的亲大哥，以后不许无礼。"

　　成吉思汗表面上生气，心里却感到轻松，经察合台这样一闹，再也没有人提术赤了。可是，提议察合台当继承人，显然也不合适，那不明摆着承认术赤是个野种吗？况且术赤已经与察合台撕破脸皮，势不两立，众人也不愿意得罪术赤，都陷入沉默之中。

　　沉默了半天，成吉思汗说："窝阔台敦厚仁义，与兄弟和众人友好相处，我看就让他做继承人吧。"众人一听，觉得这是平衡矛盾的好办法，全都表示赞成。察合台本想自己继承汗位，如今见已不可能，也只好表示同意。

　　大事就这样确定下来了。窝阔台喜从天降，心头突突乱跳，仿佛在做梦一般；术赤则脸色铁青，心中充满怨恨和愤怒。他俩都不说话，一个是喜得说不出来，另一个是气得说不出来。

　　成吉思汗选定窝阔台，除了长子次子相争因素之外，主要还是看中了窝阔台的能力。窝阔台时年三十四岁，年富力强，久经沙场，勇猛过人，更重要的是，他富有谋略，工于心计，善于笼络人心，与兄弟和大臣们相处得都很好，具备治理国家的能力。不过，如果不是长子次子相争，他作为老三，也是很难被选中的。

　　窝阔台被定为继承人之后，成吉思汗让他主理朝政，参与国家大事；让性情耿直的察合台执掌法令；让拖雷统领军队；而术赤只负责狩猎之事。术赤遭此沉重打击，心中有苦说不出来，不久忧郁成疾，壮年而逝。

　　1227年，成吉思汗在临终之前，把儿子们召集到身边，再次重申窝阔台的继承人身份，并告诫儿子要精诚团结，服从窝阔台的领导，把大蒙古国的事业发扬光大。此时，术赤已死，其他儿子们都含泪发誓，一定牢记父亲的嘱咐，竭尽全力维护窝阔台。

按照大蒙古国的制度规定，汗位继承最终要由宗王贵族会议确定，因此，成吉思汗死后，由四子拖雷监国。

1229年，蒙古宗王和贵族们召开会议，讨论确定新大汗。会议开了四十多天，争论十分激烈。多数人表示要遵照成吉思汗的遗嘱，由窝阔台继位。由于拖雷已经监国两年，颇有成效，一部分人主张立他为汗。察合台知道自己没有力量争夺汗位，所以仍然支持窝阔台。最后，拖雷见支持窝阔台的人多，也表态拥护窝阔台。

宗王贵族会议之后，窝阔台名正言顺地登基称帝，成为大蒙古国第二任大汗。

窝阔台虽然渔翁得利意外地当上大汗，可他干得十分出色，把大蒙古国继续推向强盛。

窝阔台试行新政

成吉思汗经过长期浴血奋战，统一蒙古诸部，建立了横跨亚欧的大蒙古国，依靠武力征服天下。窝阔台继位以后，在继续扩张的同时，开始考虑怎样治理天下，为此推行了一系列新政。

窝阔台的新政之一，是为大蒙古国建立了固定的都城。蒙古族是游牧民族，长期习惯于逐水草而居，过着居无定所的生活。成吉思汗建立大蒙古国之后，经常东伐西讨，四处征战，没有建立一个固定的都城，这显然不利于大蒙古国对天下的统治。

窝阔台即位不久，就选择一个叫哈拉和林的地方，开始修建都城，史称和林建都。和林都城的故地，在今蒙古国中部鄂尔浑河上游、杭爱山南麓。这里是蒙古高原的中心地带，森林繁密，山花盛开，环境十分优美。克烈部和回鹘部在此建有城池，成吉思汗也经常居于此地。

窝阔台组织了大批民工，又召集许多汉族工匠，在克烈部、回鹘部城池基础上，修建了一座既有汉族风格，又有游牧民族特色的宏伟都城。和林都城由外城和宫城两部分组成，设计合理，布局严整，很有气势。

外城呈不规则长方形，周长约5.2公里。城墙用黄土版筑，高约2米，四面各设一门。城内有南北大街和东西大街通向四门，交会处形成十字路口。居民区和商业区分设，还建有寺院庙宇等建筑。

在城池西南部建有宫城，为皇族和大臣办公居住之地，名为万安宫。万安宫呈四方形，南北东西各255米，建有许多宫殿楼阁，类似唐宋宫殿的布局。

和林都城建好后，成为大蒙古国的统治中心，一度十分繁荣。欧亚各国使臣、传教士、商人在这里会集，各种宗教和文化在这里融合，大汗的诏令从这里发出。窝阔台与成吉思汗不同，他很少亲自领兵出征，而是稳坐都城，指挥全局，同时尽情享受生活。

窝阔台的新政之二，是在全国各地建立了站赤，就是驿站。驿站是传达皇帝诏令、传递情报、官员食宿换马的场所，起着上传下达的重要作用。当时，大蒙古国统治的地域十分辽阔，没有驿站很不方便，也不利于统治。

窝阔台即位以后，下令增设站赤，健全了站赤制度。站赤内设置官员管理，配备马匹和必要物资，能够保障上传下达的需要。站赤相隔数十里或百余里，遍布全国各地。这样，窝阔台发布的命令，可以迅速传达到每一个地方。

窝阔台的新政之三，是建立了大蒙古国的政治制度和礼仪制度。成吉思汗一生征战，专注于打天下，没来得及考虑治天下，但他认为耶律楚材有治国之才，临终前嘱咐儿子要重用他。

窝阔台即位以后，重用耶律楚材为宰相，主理朝政。耶律楚材是契丹人，但已经高度汉化，他按照汉族统治者的做法，建立了中央官制、政治制度和各级官僚机构，加强了中央集权。

成吉思汗制定的千户制、怯薛制等制度，主要是军事需要，窝阔台则在地方上设置了专管行政事务的官员，以便于更好地统治百姓。窝阔台还改革军制，设立了探马赤官员，专门负责镇守城池。窝阔台时期的官制和政治制度，更加有利于统治天下。

耶律楚材为了加强皇权，制定了君臣礼仪制度。蒙古人性情粗犷，不太注意礼节。耶律楚材制定礼仪制度之后，专门说服窝阔台的二哥察合台，动员他带头向窝阔台行跪拜之礼。窝阔台高高在上，接受群臣跪拜，心里美滋滋的，觉得大蒙古国总算是像模像样了。

窝阔台的新政之四，是初步建立起了税收制度。过去蒙古人只知道抢掠，不知道税收为何物。在耶律楚材主持下，大蒙古国首次建立了税收制度，并设置十路征收课税使，有了专门征收税赋的官员。税收制度建立后，第一年就得白银五十万两，帛八万匹，粟四十余万石。窝阔台又惊又喜，觉得不用动刀兵，就能得到如此多的财富，真是一个好办法。

窝阔台的新政之五，是接受耶律楚材的建议，开始推行儒家学说。窝阔台为了统治的需要，尊崇孔子，修建孔庙，封孔子五十一代孙孔元措承袭衍圣公；兴办学校，推广儒学，提高儒学的社会地位；恢复科举考试制度，提拔儒生做官。

窝阔台试行新政的目的，是试图由打天下向治天下转变，尽管这种转变是初步的和并非完全自觉的，但却是大蒙古国的一个重大进步，也为元朝建立和统治天下奠定了基础。

《元史》对窝阔台给予较高评价，说他有宽宏之量、忠恕之心，量时度力，促进了大蒙古国的强盛，是个有为之君。

拖雷离奇去世

　　拖雷是成吉思汗第四子，是蒙古族军事家，他在西征和伐金战争中，表现出非凡的军事才能，立有大功。可是，正当大蒙古国处于灭亡金国的关键时刻，他却壮年而逝，尤其是他死得十分离奇，成为千古之谜。

　　拖雷自幼聪慧，遇事很有主见。有一次，成吉思汗在与泰赤乌部交战中，失踪了好几天，家人都很惊慌，以为凶多吉少。拖雷只有八岁，却十分镇定，坚持说父亲会回来的。果然，没过几天，成吉思汗骑栗色马回来了。

　　拖雷长大以后，英武而有谋略，成吉思汗很喜欢他，常常带在身边，后来，又让他独自领军，拖雷总是每战必胜。成吉思汗常对年轻人说："你们要想建功立业，获得财富和荣誉，就应该到拖雷麾下效力。"

　　在征伐金国战争中，拖雷随父亲率中路军，从河北进军，直捣黄河，一路攻关夺隘，屡战屡胜，连续攻占雄、霸、沧、献等州，初步显现出军事才能。

　　1219 年，拖雷随父西征。成吉思汗从全军挑选了一批强悍的士兵，组成一支最精锐的部队，交给拖雷统领。蒙古铁骑本来就凶悍无比，拖雷率领的这支军队更是强中之强，他又善于用兵，常出奇谋，因此，拖雷军队犹如一把宝刀，无坚不摧，战无不胜，他的军事才能得到充分展示。

　　成吉思汗对拖雷更加喜欢。按照蒙古人的家产继承办法，父亲在世时，分给年长的儿子一部分家产，而父亲的遗产则由幼子继承。因此，成吉思汗的前三个嫡子，各分得四千户的军民，而拖雷却继承了六十二个千户，并且统领了百分之八十的军队。拖雷在众兄弟当中，势力是最强的。

1227 年，成吉思汗驾崩。拖雷凭借幼子的特殊身份和强大势力，担负起了监国的重任。拖雷监国长达两年之久，在此期间，他的势力进一步增强，同时也积累了许多人脉，赢得了良好声誉。在这种情况下，拖雷如果有野心，自立称汗也是不难办到的。可是，拖雷并没有这样做，而是坚持由宗王贵族会议决定新大汗的人选。

1229 年，宗王贵族会议召开。多数人同意按照成吉思汗的遗嘱，由窝阔台继位，但也有一些人，鉴于拖雷的势力和他监国的表现，主张立拖雷为汗。会议开了四十多天，争论不休。

拖雷表示，要遵从父亲的遗命，拥护窝阔台为帝。最终，窝阔台继承了汗位。对于拖雷没有抢班夺权，许多人给予高度评价，拖雷在历史上留下了贤名。不过，窝阔台对拖雷拥有强大势力，内心感到不安，心有忌惮。

窝阔台即位以后，准备发动灭金战争，拖雷统领的军队成为灭金主力。1230 年，拖雷和长子蒙哥，率蒙古大军穿越沙漠，攻克天成堡，进入山西境内，夺取韩城、蒲城等地。

1231 年，金国见蒙古军来势汹汹，山西不保，便收缩战线，退居陕西凤翔，意图保存实力。拖雷紧追不舍，一举攻占凤翔。金国军队又退入潼关，潼关地形险要，易守难攻。

有个叫李昌国的人，向拖雷献计说："金国的都城汴梁，所依恃的是黄河、潼关天险。如果蒙古军向宋朝借路，出宝鸡，入汉中，绕道到达唐州和邓州，从那里向汴梁进攻，汴梁就无险可守了，取之如囊中探物。"

拖雷十分赞同，立即向窝阔台做了汇报。窝阔台说："昔日太祖留有联宋灭金的遗嘱，如今拖雷也这样策划，真是太好了。"

窝阔台立即与南宋联系借路之事，南宋与金国有世仇，自然同意。于是，窝阔台做出了三路伐金的部署。拖雷率右路军，由宝鸡南下，通过宋境，沿汉水到达唐州、邓州；大将斡赤斤率左路军，由济南向西进攻；窝阔台自率中路军，渡过黄河，向洛阳进军。窝阔台约定，三路大军在汴梁城下会师。

拖雷、蒙哥父子率领的右路军，是伐金的主力。右路军顺利通过南宋地盘，到达邓州。金国皇帝闻知大惊，急派大将完颜合达率兵阻击。

1232年春，拖雷军队与金军在钧州（今河南禹州）西北的三峰山展开决战。拖雷指挥有方，蒙古铁骑凶悍，经过激战，金军十五万主力部队全被歼灭，主将完颜合达也被擒杀。三峰山决战是关系金国命运的重大战役，拖雷歼灭了金军主力，金国灭亡就为期不远了。

拖雷消灭了金军主力，乘胜攻占河南十余州。不久，蒙古军三路大军会师于汴梁城下，随即向汴梁发动猛攻。金国已到最后关头，只得拼死抵御，蒙古军久攻不下。这时，不巧遇上瘟疫流行，士兵死亡甚多。窝阔台见短期内难以攻克汴梁，便令蒙古军继续围攻，自己和拖雷等人返回了。

令人没有想到的是，在回返的路上，对伐金立有大功的拖雷，却离奇地死了，时年四十一岁。拖雷是怎么死的，有着不同的说法。

《元史》记载，在回去的路上，窝阔台得了重病，拖雷为之祈祷，请以身代之，并喝了巫师念咒除病的水，使得窝阔台数日后病愈。拖雷随窝阔台继续北返，走到一个叫阿剌合的思的地方，患重病而死。

《新元史》的记载与《元史》大同小异。在回去的路上，窝阔台得了重病，一个多月不见好，而且病情越来越重。巫师说："这是金国的山神作祟，怪我军杀戮过多，非得死一人不可。唯一的办法，是让宗室子弟代死。"拖雷挺身而出，愿意代兄长去死，于是喝了巫师的水。过了几天，窝阔台果然病愈。拖雷继续北返，走到阿剌合的思，患病死去。

从《元史》和《新元史》的记载来看，不能不使人怀疑拖雷是被阴谋毒死的。不过，拖雷喝了巫水以后，又过了一段时间才死的，似乎也可能是病死的。

《元史》在《太宗纪》中记载，拖雷喝巫水是六月份，死的时候是九月份，中间隔了三个月，似乎表明拖雷之死与巫水没有关系。

　　然而，《史集》和《蒙古秘史》都记载说，拖雷喝了巫水之后，不几天就死了，分明是说，巫水里边有毒，拖雷是被毒死的。

　　拖雷之死，究竟是得病而死，还是被有意毒死，已成为千古之谜。

联宋灭金统一北方

窝阔台在位期间的一大功绩，是联合南宋灭掉金国，占据中原地区，统一了中国北方。

成吉思汗建立大蒙古国不久，就开始了征伐金国的战争。从1211年开始，成吉思汗亲率蒙古大军，从北部攻击金国，经过乌沙堡、野狐岭、会河堡三次大战，歼灭了金国在北部的主力部队，然后兵分三路，向中原地区进军。蒙古军横扫山西、河北、山东等地，大肆烧杀抢掠，给金国造成重创。这是蒙古伐金的第一阶段。

1217年，成吉思汗率蒙古军主力返回，准备西征，留大将木华黎经略中原，继续对金国实施打击。木华黎改变了此前肆意烧杀抢掠的做法，以收服人心、占领城池为目的，经过六年征战，多次打败金军，占领了山西、河北、山东等地数十座城池和金国大部分国土，建立政权进行统治。金国领土支离破碎，都城也被迫由燕京迁到开封。这是蒙古伐金的第二阶段。

成吉思汗临终时嘱咐窝阔台，要实行联宋灭金策略，采取大迂回战术，向宋朝借道攻击金国，这无疑是一着妙棋。窝阔台即位以后，遵照父亲的遗嘱，派使者去江南，提议联合灭金。

宋朝与金国有世仇。当年宋金联合，灭掉了辽国，不料却引狼入室，金国灭辽之后，又大举南下攻宋，攻陷开封，掳走了宋徽宗、宋钦宗和大批人员，灭亡了北宋，史称靖康之难。所幸宋徽宗第九子赵构逃脱，跑到南方建立了南宋政权。南宋与金国多次发生战争，后来签订和议，息兵停战，形成南北对峙局面。

这个时候，南宋建立已经一百多年了，经历了宋高宗、宋孝宗、宋光宗、宋宁宗四代皇帝，现在是宋理宗在位时期。宋理宗是一位很有作为的皇帝，他在位四十一年，把南宋治理得不错。南宋虽然与金国停战几十年，但靖康之耻的仇恨仍然不能忘怀，于是，宋理宗很高兴地答应了窝阔台的要求。

1231年，窝阔台与南宋达成协议后，三路出兵，向金国都城开封进军。拖雷率蒙古军主力实行大迂回，借道南宋地盘，进攻河南腹地，在三峰山一带消灭金军主力十五万人。其他两路也进兵顺利，不久在开封城下会师。

1232年，蒙古大军向开封发起猛攻。金国已到最后生死关头，拼死抵御，战况十分激烈。蒙古军用大炮轰城，守城士兵则用震天雷、飞火枪还击，城上城下一片火海，响声震天动地，双方死伤惨重。蒙古军连续攻城十六昼夜，未能攻克，不巧遇到瘟疫流行，窝阔台让蒙古军继续围城，自己和拖雷回去了。拖雷在回去的路上去世。

蒙古军虽然没有攻陷开封，但开封城已经被打得残破不全，城中粮草也已断绝。金国皇帝金哀宗见开封难守，便率部突围，跑到了蔡州（今河南汝南）。可是，蔡州离南宋地盘已经不远了。

1233年，窝阔台派使者王楫去杭州，要求南宋出兵，从背后攻击金国，并口头许诺，灭了金国之后，黄河以南的土地归宋朝。

宋理宗见金国已是穷途末路，灭亡在即，正是报仇雪恨的好机会，又能乘机恢复中原，因此异常兴奋，立即命大将孟珙率军出击，并送给蒙古军三十万石粮食。

孟珙是南宋名将，智勇双全；宋军士兵普遍对金国怀有仇恨，斗志旺盛。孟珙率领南宋军队向北进军，连续攻占寿州、唐州等地，截断了金哀宗逃跑的后路。宋蒙军队两路夹击，金哀宗已成瓮中之鳖。

宋蒙联军很快在蔡州城下会师，将蔡州围得铁桶一般。金哀宗虽然知道大势已去，无力回天，却仍然拼死抵抗，不肯投降。小小的蔡州城，竟然坚守了三个多月。

1234年正月，宋军攻破南门，蒙古军攻破西门，宋蒙联军大举入城。金军将士展开巷战，最后几乎全部阵亡。金哀宗自缢而死。历经一百二十年的金国灭亡了。

窝阔台联宋灭金，占领了中原地区，统一了北方。可是，如何治理这个偌大的地方呢？有些蒙古将领建议，将中原民众全部迁走或杀掉，让北方变成草木茂盛之地，便于放牧牛羊。耶律楚材极力反对，建议用汉族统治者的方式治理中原。窝阔台采纳了耶律楚材的意见，按照耶律楚材的设想治理中原地区。

　　南宋联蒙灭金，是希望能够恢复中原，而蒙古是不会将中原地区送给南宋的，特别是窝阔台野心很大，他要继续扩张，统一天下。这样，宋蒙之间的战争，就不可避免地爆发了。

盟友反目蒙古伐宋

大蒙古国建立以后，不断对外扩张，连年征战，先后灭掉西夏、西辽、东真国，并攻打金国，征服高丽，还西征中亚东欧，显示出强大的军事力量。这个时候，地处南方的南宋政权，因有金国相隔，暂时平安无事，偏安一隅。

当窝阔台提议联宋灭金时，宋理宗和多数大臣出于对金国的仇恨，表示同意，但也有一些大臣提出反对意见。他们认为，蒙古势力迅速崛起，是个潜在的威胁，有金国在中间挡着，江南可保无虞，一旦金国灭亡，南宋就要直接面对蒙古了。所以，南宋宁可与疲弱的金国为邻，也不能与强大的蒙古接壤。这个意见是明智和正确的，可宋理宗一心想要收复中原，并没有听从。

联蒙灭金取得胜利，灭亡了金国，一洗百年耻辱，南宋军民一片欢腾。蒙古军队粮草不继，又惧怕炎热，将主力部队撤到黄河以北，黄河以南只留少数兵力。宋理宗见有机可乘，便想借机收复中原。蒙古人也曾经许诺，黄河以南的土地归宋朝。

1234年五月，在金国灭亡后不久，宋理宗派遣六万军队，出兵河南地区，一举收复了开封、洛阳、商丘等地，史称"端平入洛"。

不料，南宋的军事行动，却惹怒了蒙古人。窝阔台下令，蒙古铁骑越过黄河，向宋军发动进攻。宋军不是蒙古铁骑的对手，死伤三万多人，占领的土地又全部丢失。"端平入洛"使得宋蒙联盟破裂，双方反目成仇，也成了蒙古军伐宋的导火索和借口。当然，没有"端平入洛"，大蒙古国也会对南宋下手的。

1235年，窝阔台以"端平入洛"为借口，第一次大规模进犯南宋。窝阔台组织了数十万大军，由两个爱子阔端、阔出统领，在东起淮河、西至巴蜀的千里战线上，分多路向南宋进攻，气势汹汹，大有一口吞并南宋之势。

面对蒙古军队的大举入侵，南宋军民不畏强暴，奋起反抗。宋理宗调兵遣将，部署抵御。南宋军队战斗力较差，敌不过蒙古军凶猛，但熟悉地形，反抗意志坚强，蒙古军也很难占到便宜，战斗十分激烈。蒙古军这次犯宋历时六年，大小战斗数十次，双方伤亡都很惨重。著名战役有沔州之战、阳平关之战、真州之战、庐州之战、荆襄之战等。

1235 年七月，窝阔台命次子阔端，率西路军向巴蜀地区进军。阔端时年三十岁，已经征战多年，勇猛有谋，是蒙古族军事家、战略家，深受窝阔台喜爱。

阔端率军从陕西凤州出发，很快抵达沔州（今陕西略阳）。沔州是南下入蜀的门户，蒙古军想要攻占巴蜀，必须首先夺取沔州。沔州守将叫高稼，高稼进士出身，能文能武，为官清廉，肩负着守卫入蜀大门的重任。

在此之前，蒙古军与金军曾经在沔州多次交战，沔州城被战火摧毁，破败不堪，城内守军也不多，于是，有人建议高稼弃城后撤。高稼说："身为宋将，守土有责，即便没有城墙，我也要以身捍蜀。"

蒙古大军包围了沔州，高稼身先士卒，带领宋军与敌拼杀，激战数日，终因寡不敌众，又没有坚固的城墙，最终沔州失守，高稼战死，以身殉国。

阔端率军南下，很快抵达阳平关。阳平关在今陕西勉县一带，是入蜀的第一道关口。阳平关守将叫曹友闻，是个忠义之士，可惜手下士兵不多，只有数千人。蒙古军号称五十万，实际上也有二十万之众。敌众我寡，宋军顶不住蒙古军的猛烈攻势，曹友闻战死，士兵多数阵亡。最后，将领曹万带领仅存的五百士兵退入城堡，宁死不降，全部为国捐躯。阳平关之战十分惨烈，以宋军全军覆没而告终。

阔端率军继续南下，一路攻城夺隘。宋军在巴蜀的军队不多，难以抵御蒙古军，经过半年多激战，蒙古军占领了巴蜀大部分地区，攻占了成都。

窝阔台在昔日灭金战争中，实行了大迂回战术，十分有效，这次伐宋，仍然采取大迂回的办法，想占领巴蜀以后，绕到宋军的背后，因而西路军兵力最强。可是，巴蜀山高路险，根本绕不过去。所以，蒙古军占领巴蜀，并没有多大的战略意义，对南宋整个防御体系影响不大。

阔端也意识到了这一点，所以，他占领成都不久，就主动放弃，从原路撤回了陕西。蒙古军撤退之前，把成都洗劫一空。此后几年，蒙古军在巴蜀地区几进几退，主要以抢掠财物为主。后来，阔端又奉命率军攻打吐蕃。

在阔端攻击巴蜀的同时，阔出率东路军攻击江淮和荆襄地区。阔出是阔端同父异母的弟弟，时年也是三十岁，同样是久经沙场。窝阔台本人没有亲征，而是派两个儿子去征伐南宋。

江淮和荆襄地区是南宋的防御重点，兵力较多，领兵统帅是南宋名将孟珙，再加上这一地区水网交织，不利于骑兵纵横。所以，蒙古军屡吃败仗。

1236 年底，蒙古军大将察罕奉命攻打真州（今江苏仪征）。真州守将叫丘岳，智勇双全，善于用兵。丘岳得知蒙古军来犯，在城外路上连设三道伏兵，杀伤了大量敌人。丘岳对守城早就做好部署，蒙古军久攻不下。趁蒙古军疲劳之际，丘岳派兵夜袭敌营，获得大捷。蒙古军始终未能攻下真州，只得撤围走了。

1238 年，察罕奉命又去攻打庐州（今合肥）。庐州守将杜杲更是厉害，他早就做好了充分准备，在城墙上架设了三百门大炮。蒙古军骑兵一到，百炮齐轰，震天动地，蒙古军人仰马翻，乱成一团。杜杲在城中准备好了突击队，乘势杀出，蒙古军一败涂地。

当然，宋军将领中也有一些贪生怕死之辈，有的听说蒙古大军来犯，吓得弃城逃跑；有的见蒙古军到来，不敢迎战，献城投降。这样，蒙古军在荆襄地区也占领了一些城池。

1239 年，南宋统帅孟珙做好一系列准备，发动了荆襄之战。宋军集结重兵，连续收复襄阳、樊城、信阳、郢州等地，给予蒙古军沉重打击。

阔出率东路军在江淮荆襄一带鏖战数年，没有多大成果，连长江边都没有到达，反而是损兵折将，阔出也死于军中。

1241年，窝阔台病死，蒙古大军便无功而返了。

窝阔台伐宋失败，除了南宋军民顽强抵抗之外，也与他犯了战略性错误有直接关系。窝阔台把蒙古军主力放在战略意义不大的巴蜀地区，东线作战又战线过长，兵力分散，没有主攻方向，因而未得寸功，第一次伐宋以失败而告终。

窝阔台征服吐蕃

　　窝阔台在伐宋的同时，命次子阔端向西进军，攻打吐蕃。窝阔台伐宋没有成功，却征服了吐蕃，把西藏地区纳入大蒙古国统治之下。

　　吐蕃，是由古代藏族在青藏高原上建立的政权。藏族起源于雅鲁藏布江流域，有四千多年的历史。长期以来，藏族部落分散，与中原没有来往。进入7世纪以后，藏族出了一位英雄人物，名叫松赞干布，他统一了藏族各部落，建立了吐蕃王朝。

　　吐蕃王朝是西藏历史上第一个有明确记载的政权。松赞干布仰慕中原文化，迎娶了唐朝文成公主，促进了吐蕃王朝发展。在唐宋时期，吐蕃王朝比较强盛，与唐、宋、西夏、辽、金等政权都有联系，也时常发生战争。

　　进入9世纪以后，吐蕃王朝因王室内讧和部落矛盾，陷入内战，出现了许多互不统属的地方势力，藏区处于割据状态。后来，藏传佛教传入藏区，为各阶层人们所接受，建立了若干个政教合一的政权，并分为前藏、后藏、山南等派系。

　　成吉思汗建立大蒙古国以后，其势力开始进入藏区，但只是探路和了解情况，并没有发生大的战争。当时成吉思汗需要征服的对象很多，暂时顾不上吐蕃一带。

　　窝阔台即位以后，在1231年，派拖雷率两万蒙古军，假道伐金，进入吐蕃地区。不过，蒙古军与吐蕃没有发生冲突，反而得到吐蕃人帮助，为蒙古军提供向导。

　　窝阔台野心很大，他把金、南宋、高丽、东真等周边国家，全都列为征服的对象，吐蕃自然也不例外。

1234 年，窝阔台灭亡金国以后，随即命次子阔端率军西征，攻打秦州和巩州。秦州、巩州在今甘肃省东南部，过去是吐蕃统治地区，后来各民族杂居，吐蕃势力仍然不小，有十八个部落。蒙古铁骑凶悍，很快占领了这些地区，吐蕃十八部落全都归降。

1235 年，窝阔台大举伐宋，令阔端率西路军攻击巴蜀。当时在西路军中，就有许多吐蕃士兵。阔端经过半年多奋战，攻占了巴蜀大部分地区，并占领成都。可是，巴蜀到处是崇山峻岭，无法绕到宋军背后，唯一的办法是走长江水路，但蒙古没有水军，无可奈何。所以，兵强马壮的西路军，并无用武之地。

1237 年，窝阔台命阔端向西进军，攻击吐蕃。吐蕃当时四分五裂，形不成统一力量，无法抵挡蒙古铁骑。阔端采取招降和打击两手，多数吐蕃部落归附了蒙古，少数不肯归降的一一予以消灭。阔端很快占领了吐蕃边境地区，为攻击吐蕃腹地打开了大门。

1239 年，阔端命大将多达那波率军攻击吐蕃腹地。蒙古军队从青海进藏，吐蕃部落无力抵抗，纷纷归降。蒙古军一路顺利，很快进入前藏。不料，却遇到噶当派武装僧人的反抗。蒙古军队很快将这股武装力量消灭，杀死数百人，还烧毁了寺院。蒙古军力量之强大，震住了吐蕃人，此后再也没有发生过大规模的武装对抗。

阔端是一位有远见的战略家，他一方面炫耀武力，一方面实行怀柔政策，争取吐蕃人心归服。战斗结束后，蒙古军修复了被毁的寺院和佛殿，重塑了释迦牟尼金身佛像，而且比原来的还要高大。这一举动，得到了藏区僧俗的好感和赞许。

蒙古军在吐蕃地区留驻两年多时间，在此期间，严格遵守当地风俗，常做法事，与各派势力广泛接触，尤其注重与宗教界上层人士搞好关系。经过多方考察和了解，阔端选中了一个叫萨迦班智达的人，打算让他当代理人。

萨迦班智达是后藏人，自幼学习佛教，曾去天竺取经留学，精通藏传佛教，在僧俗中威望很高。阔端亲自与萨迦班智达交谈，深深被他的智慧和学识所折服，于是邀请他协助管理藏区。

萨迦班智达确实很有智慧，而且深明大义。他知道新兴的蒙古势力所向无敌，为了藏区稳定发展，避免生灵涂炭，萨迦班智达欣然接受，在日后藏区管理中发挥了无可替代的作用。

1247 年，阔端与萨迦班智达在甘肃武威举行"凉州会盟"，发表了著名的《萨迦班智达致蕃人书》，标志着吐蕃归附蒙古。从此，西藏正式纳入中国版图。忽必烈建立元朝以后，将西藏纳入中央政府的管辖之下。

窝阔台和阔端父子俩，为西藏地区归于中国功不可没，永载史册。

长子西征横扫欧洲

在窝阔台执政时期，蒙古铁骑又举行第二次西征，横扫欧洲大地。因领兵统帅有窝阔台的长子贵由、拖雷长子蒙哥，各支宗室均以长子率领军队，所以又叫长子西征。

窝阔台即位以后，采取一系列措施，加强中央集权，巩固了自己的统治，促进了大蒙古国蓬勃发展，经济实力和军事实力进一步增强。在这种情况下，窝阔台的征服野心急剧膨胀，特别是灭亡金国以后，解除了后顾之忧，窝阔台便决定发动第二次西征，继续对外扩张。

1235年，窝阔台一面派兵攻打南宋，一面部署西征。窝阔台敢于两线同时作战，显示了他的雄心壮志和大蒙古国的强大实力。

窝阔台命自己的长子贵由、拖雷长子蒙哥和术赤次子拔都为领兵统帅，以拔都为首。当时，拔都二十七岁，贵由三十岁，蒙哥二十七岁，都是年轻有为，而且征战多年。

拔都是成吉思汗长子术赤的次子，他有勇有谋，是蒙古族著名军事家。他的哥哥斡儿答，认为自己的才能比不上弟弟，在父亲术赤死后，甘愿让拔都继承了父亲职位。贵由虽然是皇子，年龄也大，但窝阔台不喜欢他，认为他的才能比不上拔都，所以指定拔都为全军统帅。

窝阔台又任命元老大臣速不台为前军主将，蒙古军作战的实际指挥权在速不台手里。速不台是久经沙场的老将，以骁勇善战而著称，是成吉思汗"四勇"之一，年龄已经六十岁了。

窝阔台下令，由各支宗室的长子统领本部军队，各千户、百户的长子都要随军出征，长子在家族中地位重要，经验丰富，因而进一步增强了蒙古铁骑的战斗力。

拔都率十五万大军，向西进发，兵锋首先指向钦察地区。钦察人是突厥族的一支，以游牧为生，居住在黑海北滨草原，有些则在西伯利亚一带，组成了比较松散的部落联盟。

蒙古铁骑一路向西，途中灭掉了不理阿耳等许多小国和部落。1237 年春，蒙古大军到达钦察地区。部落首领八赤蛮赶紧组织抵抗，却不是蒙古铁骑的对手，被打得七零八落，各部落相继被消灭。八赤蛮带残兵败将逃入里海岛屿，蒙哥率军紧追不舍，将其全部歼灭，八赤蛮也被杀掉。

征服了钦察，拔都率大军进入俄罗斯境内。俄罗斯是个大国，地域辽阔，蒙古军兵分四路，向前推进，连续攻克烈也赞、克罗姆讷等十余座城池。蒙古军在克罗姆讷城遇到顽强抵抗，破城后进行血腥屠城，男女老幼全部杀光。

1238 年春，拔都、速不台率军抵达莫斯科城下。当时蒙古军拥有先进武器火炮，欧洲人没有见过。蒙古军架设大炮，对着莫斯科城猛轰，炮火连天，震耳欲聋，守军闻之丧胆。蒙古军只用五天时间，就攻破城池，占领了莫斯科。

与此同时，蒙哥、贵由率军向高加索以北、伏尔加河以东进军，一路攻城略地，所向披靡，占领了俄罗斯大部分土地。在进攻乞瓦（今乌克兰基辅）城时，遭到顽强抵御。蒙古军架炮猛轰，几乎将乞瓦城夷为平地。

1241 年春，蒙古军留三万兵力镇守俄罗斯，其余十二万人继续西征。蒙古军兵分两路，分别攻打波兰、匈牙利。

蒙古军北路军进入波兰，很快攻占了波兰都城克拉科夫，然后向波兰西南部进军。蒙古入侵，使欧洲诸国十分震惊。波兰国君亨利二世急忙向各国求援，与日耳曼等国组成了三万余人的联军。亨利二世率领联军，在里格尼茨与蒙古军展开决战。

里格尼茨是一块很大的旷野，十分有利于蒙古骑兵。联军头戴西欧式的圆顶盔，身穿沉重的锁子甲，但马匹却没有防护装备。蒙古军看准了这一弱点，万箭齐发，将联军马匹射倒，然后展开凶猛的骑兵冲锋，结果联军被杀二万五千人，享利二世也死于乱军之中。这就是著名的里格尼茨战役。

与此同时，蒙古军南路军进入匈牙利，连续攻占鲁丹、瓦剌丁等城，顺利到达布达佩斯城下。布达佩斯是匈牙利都城，是欧洲著名古城，城池坚固，守军有十万之众。蒙古军攻城多日，不能攻克，于是心生一计，主动后撤，引诱敌军出城作战。

匈牙利国君贝拉四世果然中计，率军追击，追到赛约河一带，进入蒙古军埋伏圈。蒙古铁骑从四面八方排山倒海般地杀来，匈牙利军队溃散，被杀六万余人，贝拉四世只身逃脱。蒙古军乘势追杀到布达佩斯城下，一举攻破了城池，并纵火毁城。这就是著名的赛约河之战。

蒙古军连战连捷，又相继攻打保加利亚、罗马尼亚、维也纳等地。蒙古铁骑在欧洲大地上纵横驰骋，横扫诸国，战无不胜，显示出强大力量。

蒙古军还想乘胜继续向西进军，不料，却遭到奥地利公国和波希米亚王国军队的联合阻击，只得停止了西征的步伐。奥地利公国和波希米亚王国都是罗马帝国的重要成员，势力比较强盛。

1241年，窝阔台病逝，第二年消息传来，蒙古军人心动荡。诸子都想回去争夺汗位，于是下令班师返回，第二次西征宣告结束。

拔都知道自己与汗位无缘，在回师的路上，走到伏尔加河一带，便留下不走了，在那里建立了钦察汗国。

大蒙古国第二次西征，历时七年，取得辉煌战果。进一步扩张领土，版图扩大到俄罗斯和东欧一带；横扫欧洲大地，使大蒙古国威名远扬。不过，蒙古军到处烧杀抢掠，给一些地区的文化造成严重破坏，也给当地民众带来巨大灾难和痛苦。

蒙古铁骑横扫欧洲，所向无敌，主观原因是大蒙古国势力强大，无与伦比；客观原因是当时欧洲诸国国小力弱，难以抵御。大蒙古国当时没有遇到强大的对手，所以能够纵横天下。

乃马真后摄政

1241 年，窝阔台病逝，终年五十六岁。窝阔台在位十三年，庙号太宗。窝阔台死后，大蒙古国陷入了汗位之争。

窝阔台有七个儿子，长子贵由，已经三十六岁了，其母是乃马真后。贵由久经沙场，立有战功，可窝阔台不喜欢他，想让三子阔出继承汗位。不料，阔出在领兵伐宋的时候死了。窝阔台十分偏爱阔出，于是指定阔出的儿子失烈门为继承人。窝阔台传孙不传子，引起许多人不满，埋下了汗位争夺的祸根。

按照大蒙古国的制度规定，大汗生前指定的继承人，最终要由宗王贵族会议确定，在宗王贵族会议召开之前，一般由皇后临时摄政。

窝阔台有六七个皇后，按照顺序，由大皇后摄政，发号施令，不料半年之后，大皇后死了。在察合台支持下，六皇后乃马真后摄政称制。当时，察合台是成吉思汗唯一健在的嫡子，很有权威。

乃马真后名叫脱列哥那，她原本是蔑儿乞惕部首领的妻子，成吉思汗灭掉蔑儿乞惕部，见脱列哥那貌美，便把她送给了窝阔台。乃马真后为窝阔台生下长子贵由，可是，窝阔台并不宠爱她，同时也不喜欢贵由。

乃马真后在皇后中排序在后，但她聪明机灵，善于笼络人心，很有手腕，特别是与察合台建立了联盟。察合台以乃马真后有才干、她的儿子是长子为由，提议并支持由乃马真后摄政。察合台不久病逝，朝廷大权落在乃马真后手里。

乃马真后确实有政治才干，她摄政不久，就凭机智化解了一场危机。窝阔台死后，西征的蒙古军主力尚未回来，政局有些动荡不稳。

成吉思汗的幼弟铁木哥斡赤斤，趁机率军前来，企图谋取汗位。

众人知道铁木哥斡赤斤率军前来，不怀好意，许多人建议将都城西迁。乃马真后心里清楚，此事如果处理不慎，极易引发内战，于是，她拒绝了西迁躲避的建议，而是派出使者，去安抚铁木哥斡赤斤，对他动之以情，晓之以理，并主动归还了曾被窝阔台抢去的地盘和民众。铁木哥斡赤斤受到感动，又得到利益，便说此次前来，是为了奔丧，没有他意，一场风波遂告平息。

乃马真后摄政的主要任务，是按照窝阔台的遗命，主持召开宗王贵族会议，确定新的汗位继承人。然而，乃马真后却不满意窝阔台传孙不传子的做法，打算立自己的儿子贵由为继承人。因此，乃马真后迟迟不召开宗王贵族会议，而是为儿子登基做了大量工作。

要想改变窝阔台的遗命，另立新的汗位继承人，难度还是很大的，拔都就坚决反对。拔都是蒙古军西征的主帅，可贵由恃着是皇子，对拔都并不买账，两人产生了尖锐矛盾，甚至公开进行冲突。所以，拔都坚决不同意贵由继位。

乃马真后为了能让儿子登基，极力拉拢宗室和大臣。窝阔台的次子阔端，既有实力，又有名望，他起初反对改变窝阔台遗命，但在乃马真后的拉拢下，后来采取了中立态度。乃马真后做了大量工作，使宗王贵族们同意贵由继位的越来越多。

乃马真后对不顺从她的宗室和大臣，实行严厉打击，处死了大臣阔儿吉思，囚禁了马都木勒克，免去一批大臣的职务。右丞相田镇海和大臣牙老瓦赤见势不妙，投奔了阔端，寻求其庇护。

1246 年秋，乃马真后在摄政五年之后，终于召开了宗王贵族会议。拔都知道乃马真后已经做足了工作，贵由继位不可避免，因而拒绝参加会议，此后大部分时间都居住在他的钦察汗国，很少回来。宗王贵族会议改变了窝阔台的遗命，改由贵由为继承人，贵由成为大蒙古国第三任大汗。

乃马真后是蒙古建国以后第一位称制摄政的皇后，她在皇族斗争中施展了非凡的才干，不仅成功控制了朝廷，而且按照自己的意愿，把儿子扶上了汗位。乃马真后首开蒙元时代皇后干政的先例，此后皇后指立皇帝的事情屡见不鲜。

乃马真后摄政五年多时间，总体上延续了窝阔台时期的政策，保持了大蒙古国的稳定。但她为了权力，结党营私，排除异己，重用平庸之人，使大蒙古国内部矛盾更加激烈。历史上对乃马真后的评价褒贬不一。

1246 年，乃马真后刚把儿子扶上汗位，就得病死了，没有想到的是，仅仅过了不到两年，乃马真后费尽心机扶立的贵由也死了，大蒙古国的汗位之争愈加激烈。

蒙哥争得汗位

1246 年，在乃马真后的操纵下，宗王贵族们召开会议，背弃了窝阔台遗命，推举贵由当了大蒙古国第三任大汗。拔都十分不满，拒绝参加会议。

贵由本来就与拔都有着尖锐矛盾，如今更是气愤，他登基不久，就整顿兵马，准备攻打拔都的钦察汗国。

1248 年，贵由以西巡为名，带领军队向西进发，意图征伐拔都。不料，行至半途，贵由突然患病，很快死去，时年四十三岁。也有人说，贵由是拔都派人刺杀的。贵由突然离世，避免了大蒙古国一场内战，但使得汗位之争变得更加复杂和激烈。

贵由死得突然，没有指定继承人，按照惯例，由贵由的皇后海迷失后摄政。海迷失后比不上乃马真后，她没有才能，又好巫术，不能控制局势，朝廷一片混乱。

贵由死后，不少人主张，仍然遵照窝阔台遗命，立失烈门为继承人，由海迷失后摄政。贵由的两个成年儿子忽察、脑忽不服，认为应该父死子继，于是另建府邸，与其对抗。三方都擅发文书，颁降令旨，形成一国三主，朝廷处于混乱之中。当时又遇大旱，水泉尽涸，野草自燃，牛马十死八九，民不聊生。

成吉思汗有四个嫡子，其中三子窝阔台继承了汗位，如今窝阔台家族发生内讧，为争汗位闹得不可开交。次子察合台历来与窝阔台家族关系密切，没有争权野心。长子术赤家族却与窝阔台家族长期不和，而与四子拖雷家族关系较好。

拖雷虽然早逝，却生了几个优秀的儿子，其中四个嫡子蒙哥、忽必烈、旭烈兀、阿里不哥，都是胸怀大志、有勇有谋之人，而且久经沙场，屡立战功，声望很高。他们见窝阔台家族发生内乱，便想趁机谋取大汗之位。他们的计划，得到了术赤儿子拔都的支持。

1250 年，拔都以长支宗王的身份，在他的封地召开宗王贵族会议，推举大汗继承人。按照制度，宗王贵族会议应由摄政的海迷失后召集和主持，因而窝阔台系、察合台系和许多宗王贵族拒绝参加。不过，前来参加会议的人仍然不少。

会议展开了激烈的争论。倾向窝阔台的畏兀儿贵族慷慨激昂地说："皇孙失烈门，是先汗窝阔台钦定的继承人，先汗遗命不可违，继承人非失烈门莫属。"

有人质问他："你说得很对，可是，当初乃马真后违背先汗遗命，让贵由做大汗时，你怎么不说这话呢？"畏兀儿贵族面红耳赤，无言以对。

最后，拔都发言，说："先汗窝阔台的遗命，固然应该遵守，可是，遗命已经被他们自己人破坏了，因而不宜再作为推举大汗的依据。我们推举大汗，目的是让新大汗带领我们走向更加强盛。诸位想一下，蒙哥年富力强，智勇双全，功勋卓著，名望甚高，还有谁比他更合适吗？何况，蒙哥是先汗窝阔台的养子，继承汗位，先汗也一定会很高兴的。"窝阔台确实很喜欢蒙哥，收为养子，从小把他养大。

拔都的话合情合理，他又有着很高的威望，于是，大部分人都同意蒙哥为汗位继承人。蒙哥的声望进一步提高。

海迷失后和窝阔台家族的人听说以后，又惊又怒，向各地传诏，说推举汗位继承人是大事，历来的宗王贵族会议都在圣地斡难河源召开，拔都却在他的封地召开，不具备合法性，因而不能承认。

面对这种情况，蒙哥没有贸然登基，而是做了大量收服人心的工作。拔都家族和蒙哥家族联合起来，四处游说，广泛拉拢宗王贵族和朝中大臣。蒙哥在各方面确实十分优秀，被人们广泛认可，推举蒙哥为大汗的呼声越来越高，逐渐形成了共识。后来，连窝阔台家族和察合台家族的一些人，也转变立场，拥戴蒙哥为大汗继承人。

在收服人心过程中，蒙哥的母亲唆鲁禾帖尼发挥了重要作用。唆鲁禾帖尼是拖雷的正妻，她深谋远虑，机智果断，宽厚仁义，有很好的名声。拖雷死后，窝阔台擅自将拖雷的部众三千户拨给阔端，众人都很气愤，唆鲁禾帖尼却劝说众人，遵照大汗的旨意行事。此举为唆鲁禾帖尼赢得了声誉，也使得阔端家族后来站到了蒙哥一边。在为儿子争夺汗位过程中，唆鲁禾帖尼亲自出面，多方劝说，拉拢了不少宗王贵族。

1251年，蒙哥他们做好了充分准备，再次在圣地斡难河畔召开宗王贵族会议，绝大多数宗王贵族都应邀前来，包括窝阔台系和察合台系的部分成员。窝阔台家族的失烈门、忽察、脑忽等人仍然拒绝参加，但大势已去，无法阻止了。

宗王贵族会议开得毫无悬念，一致推举蒙哥为大蒙古国第四任大汗。从此，汗位继承由窝阔台家族转向了拖雷家族。窝阔台系和察合台系部分成员不服，由此埋下了大蒙古国分裂的种子。

蒙哥时年四十三岁，他阅历丰富，刚强坚毅，即位后采取一系列措施，巩固了自己的统治。海迷失后和失烈门、忽察、脑忽等人拒不承认蒙哥的汗位，企图发动政变。蒙哥早有防备，一举粉碎政变阴谋，处死了海迷失后，囚禁了失烈门、忽察、脑忽等人。蒙哥借平息政变之机，将窝阔台系、察合台系中的反对势力一网打尽，共诛杀七十七人。

为了削弱窝阔台系的势力，蒙哥将窝阔台的封地一分为五，使其分散弱化，形不成统一的力量，对察合台汗国的势力也进行了限制弱化。窝阔台系和察合台系的力量遭到沉重打击，对蒙哥的统治构不成威胁了。

与此同时，蒙哥扩大拖雷系和术赤系的领地和势力，朝中重要职位多数由这两系的人员担任。当时在大蒙古国统治区域，漠南汉地最为富裕和重要，蒙哥将这一地区交给弟弟忽必烈统治。忽必烈大喜，精心治理此地，为日后争夺汗位、建立元朝奠定了基础。

蒙哥胸有谋略，手段强硬，在不长时间内，就镇压了反对派，巩固了自己的统治，加强了中央集权，牢牢控制了局势，大蒙古国继续兴旺强盛。

长途跋涉攻灭大理

蒙哥即位以后，采取一系列措施，很快巩固了自己的统治，随即对外用兵，继续开疆拓土。

蒙哥对辽阔富饶的江南垂涎三尺，很想灭掉南宋，扩大自己的版图。可是，窝阔台第一次大举伐宋，打了六年，结果无功而返，这让蒙哥不敢小觑南宋，必须有个周密的计划。

当时，大蒙古国已经征服了吐蕃，蒙哥便想采取大迂回战术，借道吐蕃地区，攻占云南一带，从背后攻击南宋。于是，蒙哥制订了攻占西南、合围宋朝的作战计划，并为此做了一系列准备。

当时，在中国西南有个大理国，疆域包括今云南全境和贵州、四川部分地区，都城在今云南大理。大理国是白族段氏建立的政权，937年建立，已有三百多年历史，当时的皇帝叫段兴智。

大理国物产丰富，环境优美，民风淳朴，并不好战，与南宋长期保持着友好关系，同缅甸、越南等国也有贸易来往，百姓过着丰衣足食、安居乐业的生活，犹如世外桃源。他们没有想到，蒙古铁骑即将到来，一场亡国之灾马上就要降临了。

1252年，蒙哥命弟弟忽必烈为主帅，率十万大军远征大理。忽必烈知道，孤军远征，难度不小，因此，他精心挑选了蒙古军中的精锐，准备了大批粮饷器械，还任用汉族文臣姚枢、张文谦等人为随军参谋。

一切准备就绪，忽必烈率军从六盘山出发，经过临洮，进入青藏高原。吐蕃已经归顺了大蒙古国，蒙古军一路畅通无阻，穿越吐蕃地区，向大理国方向挺进。

1253 年，蒙古军经过长途跋涉，克服重重困难，终于到达大理国国境。大理国与蒙古远隔千山万水，没有想到蒙古铁骑来犯，顿时陷入混乱。面对外敌来犯，大理国军民只得奋起抵御，但大理国长期没有战争，武备松弛，兵力较弱，敌不过如狼似虎的蒙古军队。

蒙古军兵分三路，向大理国发动猛烈进攻。忽必烈亲自率领中路军，渡过大渡河，疾行两千多里，到达金沙江。金沙江水流湍急，蒙古军没有船只，无法渡江。

忽必烈招抚了当地酋长，向他们问计。酋长说，可以用革囊渡江。革囊是用牛羊皮制作的气囊，在水中有浮力，可以载人。忽必烈大喜，命人准备了大批革囊，使蒙古军得以顺利过江。这就是历史上有名的"元跨革囊"。

蒙古军渡过金沙江，直扑都城大理。大理城在南诏国的时候就是都城，已经有五百多年历史，城高墙厚，十分坚固。段兴智依仗城坚，拒不投降，甚至杀害了忽必烈派来招降的使者。忽必烈大怒，下令攻城。大理城果然坚固，蒙古军连攻多日，不能攻克。

忽必烈见大理城依苍山而建，心生一计，他挑选了一批勇士，组成敢死队，准备翻越苍山，从山上向城内进攻。苍山是大理山峰之一，到处是悬崖峭壁，十分险峻，敢死队有一多半人摔死在悬崖下，剩下的勇士从山顶直冲而下，突入城中。城中守军见蒙古军从天而降，惊慌失措，失去斗志，大理城终于被攻破。段兴智侥幸逃脱，跑到昆明。

攻破大理以后，蒙古军将士纷纷要求屠城，为被杀的使者和阵亡的将士们报仇。姚枢、张文谦等人力谏不可，忽必烈采纳了，下达了止杀令，使大理百姓免于屠杀。

在中路军大胜、攻克大理城的同时，东西两路蒙古军也进展顺利，很快占领了大理国大部分地区。

1254 年，蒙古军集中兵力，猛攻段兴智所在的昆明城。守军殊死抵抗，坚持了七天，终因寡不敌众，城池陷落，段兴智被俘，大理国从此灭亡。

忽必烈攻灭大理国以后，留下大将兀良合台镇守，并追剿残敌，自己率主力班师返回。段兴智被俘后受到优待，蒙古赐他金符，让他协助兀良合台管理大理各部。

大理国虽然灭亡了，但各地民众的反抗并没有停止，尤其是贵州西部山区和四川凉山地区，当地武装凭借有利地形，继续抗击蒙古军。兀良合台又经过两年多激战，才平定了这些地方的反抗，完全占据了大理国。

大蒙古国在大理国境内设置了十九万户府，万户下面设千户、百户，委派官员进行统治。

蒙哥攻占并统治了大理国，完成了他攻占西南、合围宋朝作战计划的第一步，形成了攻击南宋的有利态势，下一步，他就要对南宋政权下手了。

再次伐宋蒙哥丧命

蒙哥见占领了大理，形成了攻击宋朝的有利态势，心中十分高兴，他决心亲自率领蒙古大军出征，一口吞掉南宋，统一天下。

1257 年，蒙哥决定发动对南宋的第二次大规模战争。蒙哥做了周密的作战计划，分三路出兵。第一路，由兀良合台率驻守大理的蒙古军北上，从背后攻击南宋；第二路，由忽必烈率军南下，攻击两淮和荆襄地区；第三路，蒙哥亲率蒙古军主力，攻打四川，借水路东击杭州。

这三路兵马，前两路是佯攻，主要任务是吸引牵制宋军主力，蒙哥率领的这一路才是主攻方向。这个作战部署，与窝阔台第一次伐宋几乎相同，窝阔台也是把进攻四川作为主攻方向，想攻占四川以后，绕到南宋背后，进入南宋腹地。南宋在四川兵力较少，防御薄弱，很容易得手。

所不同的是，窝阔台没有料到四川山高路险，要想绕到宋军背后，只能走水路，但他又没做走水路的准备，只得无功而返。蒙哥则汲取了这个教训，做好了走水路的准备，他的如意算盘是，攻占四川之后，顺江东下，直捣南宋都城杭州。当年晋朝灭掉东吴，就是这么干的。

然而，蒙哥没有想到，南宋对蒙古军攻击四川已经提高了警惕，加强了防御，修筑了许多坚固城堡。其中，南宋从 1240 年开始，用了数年时间，在钓鱼山上修建了坚不可摧的钓鱼城。蒙哥即将在钓鱼城下受挫，撞得头破血流。

1258 年七月，蒙哥亲率蒙古军主力，号称十万，兵分三路，进攻四川。四川军民奋起反抗，节节抵御，经过五个多月的激战，蒙古军相继攻占剑门苦竹隘、长宁山城、广安大良城等隘口险关，占领了川西、川北大部分州县。在激战中，蒙古军也付出了沉重代价。

蒙哥占领川西、川北之后，挥军向川东南挺进，企图攻占重庆，夺取入江口，实现从水路东进、直捣杭州的战略目标。

1259年初，蒙哥率军抵达钓鱼城下。钓鱼城坐落在重庆合川区城东的钓鱼山上，三面环水，一面是悬崖峭壁，地势十分险峻。南宋经过多年修建，已将钓鱼城修建成城墙高大、防御体系完备的坚固堡垒。钓鱼城挡在蒙古军前进的路上，蒙古军想要拿下重庆、夺取入江口，就必须要攻占钓鱼城。

蒙哥率军来到钓鱼城下，见城池坚固险峻，易守难攻，便想招降守军，不战而屈人之兵。蒙哥将蒙古大军全都摆在钓鱼城下，擂响战鼓，摇旗呐喊，尽显军威，然后派出使者，前去招降守军。

此时，钓鱼城中的守军有一万多人，主将叫王坚。王坚是河南邓州人，久经沙场，忠勇双全。蒙古军使者到来后，出言恐吓，气焰嚣张。王坚大怒，召集军民，当众将蒙古军使者斩首，并慷慨激昂地动员城中军民，誓与城池共存亡。

蒙哥见劝降不成，只得下令强攻。但钓鱼城太过险峻，兵力施展不开，蒙古军连续攻打镇西门、东新门、奇胜门、小堡等处，均不能奏效。在此期间，南宋派来援兵，却被蒙古军击退。南宋皇帝宋理宗对钓鱼城颁发嘉奖令，更加激励了守城军民的斗志。蒙古军连续攻城数月，没有丝毫进展，白白留下大片尸体。

四月以后，进入雨季，大雨如注，连下二十多天，江水暴涨，蒙古军攻城更加困难。到了七月，南方进入酷暑季节，蒙古兵怕热，水土不服，导致疾病流行，粮草供应也出现问题，蒙古军遇到了前所未有的困难。

钓鱼城内，依然粮草充足，军民士气旺盛。有一天，城中抛下大鱼和面饼，并投书说，钓鱼城准备充分，坚不可破，再守十年也不成问题，这里就是蒙古军的葬身之地。惹得蒙哥大怒，暴跳如雷，发誓非要拿下钓鱼城不可。

钓鱼城久攻不下，蒙古军死伤惨重，不少将士心生畏惧，军心开始动摇。有的将领建议，从钓鱼城撤兵，与忽必烈率领的军队会合，从其他方向攻击宋朝。可是，这样就打乱了蒙哥的作战部署，再加上蒙哥好面子，所以他坚决不肯撤兵。

　　蒙哥有些疯狂了，他亲自到钓鱼城下督战，不计伤亡，强令士兵攻城，并要求将领带头冲锋。结果，前锋元帅汪德臣被箭射死，一批将领阵亡，士兵伤亡无数。在激战中，蒙哥也丧命于钓鱼城下，时年五十一岁。

　　蒙哥之死，许多史书说他是中箭而死，或者被飞石击死，也有史书说他是染病而死。蒙哥死前留下遗言，日后攻破钓鱼城，要屠尽城中之人，鸡犬不留。不过，后来蒙古军依然不能攻破钓鱼城，钓鱼城在抗蒙战争中坚守了三十六年之久，始终屹立不倒。

　　蒙哥死后，攻击钓鱼城的蒙古军撤兵而走，护送蒙哥灵柩北还。忽必烈带领的蒙古军，正在围攻鄂州，听说蒙哥死亡，赶紧撤兵，回去抢夺汗位。从大理北上的兀良合台军队，已经到达长沙，闻知蒙哥死讯，也不得不渡江北返。

　　大蒙古国第二次大规模伐宋战争，又一次遭遇失败。

蒙古军第三次西征

　　蒙哥野心很大，他在派兵攻打大理、计划南征宋朝的同时，又命弟弟旭烈兀领兵西进，开始了大蒙古国历史上第三次西征。

　　大蒙古国建立以后，成吉思汗亲率大军进行第一次西征，灭掉花剌子模等国，蒙古势力达到中亚和东欧。在窝阔台时期，由拔都率军进行第二次西征，蒙古铁骑横扫欧洲大地，攻占钦察和俄罗斯南部地区，势力达到赛约河和维也纳一带。蒙古铁骑所向无敌，震惊了西方。

　　蒙哥即位以后，仍然垂涎西方土地，决心继续拓展疆域，准备举行第三次西征。这一次，蒙哥计划以攻打波斯地区为主要目标，打算灭掉木剌夷和阿拔斯王朝，攻占叙利亚和埃及一带，在那里建立一个新的大汗国。

　　1253 年，蒙哥任命弟弟旭烈兀为西征统帅，开始实施这一庞大计划。波斯地区路途遥远，旭烈兀命大将怯的不花率一万两千兵马先行，探寻道路，自己则在都城和林筹建西征军主力，为远征做好一系列准备。

　　1254 年，旭烈兀率近十万蒙古铁骑，正式开始第三次西征。蒙古军穿越人烟稀少的新疆地区，进入今乌兹别克斯坦和土耳其境内。当地部落分散，势力弱小，无法抵挡蒙古铁骑的凌厉攻势，蒙古军相继占领土耳其斯坦、撒马耳干等地。

　　1255 年，旭烈兀率军抵达木剌夷国。木剌夷在今伊朗境内，当时国力较强，有兵力十万多人。旭烈兀派人招降，木剌夷国王拒绝投降，于是双方开展大战。蒙古铁骑凶猛，又有先进的火炮，连续攻占多个城池。不过，木剌夷境内地形复杂，反抗也很激烈，蒙古军遭受很大损失。

1256 年，蒙古军终于攻占木剌夷都城，杀死木剌夷国王和所有的文武大臣，占领了木剌夷全境。

旭烈兀灭掉木剌夷国，实现了第一步战略目标，随即向阿拔斯王朝发动进攻。阿拔斯王朝是阿拉伯帝国的第二个世袭王朝，首都在今伊拉克的巴格达。阿拉伯帝国是阿拉伯人于 632 年建立的强大国家，鼎盛时面积达一千三百多万平方公里，曾经征服过许多国家，强盛一时。不过，到了阿拔斯王朝的时候，阿拉伯帝国已经进入分裂和衰落时期。

阿拔斯王朝虽然已经衰落，但实力仍然不小，而且狂妄自大。当旭烈兀写信劝降时，阿拔斯国王回信说："我黑衣大食强大无比，可以战胜任何敌人，我朝必定会延续到世界末日。"阿拔斯王朝崇尚黑色，被称为黑衣大食。

旭烈兀见阿拔斯国王不肯投降，下令进行攻击。蒙古军兵分三路，在阿拔斯王朝大地上纵横驰骋，如同摧枯拉朽一般，将阿拔斯王朝的军队打得落花流水。

1258 年，三路蒙古军在巴格达城下会师。巴格达是著名古都，是整个伊斯兰教的教都，城池坚固，守军有七万多人。阿拔斯国王凭坚据守，仍然不肯投降。

旭烈兀调集军中所有大炮，对着巴格达城猛轰，蒙古军士兵像涨水一般，接连不断地进行冲锋。城中守军顽强抵抗，双方死伤惨重。激战半个多月，蒙古军终于攻破城池，大举入城。蒙古军士兵为了泄愤，在城中大肆烧杀七天，阿拔斯国王和城中百姓几乎全被屠杀，巴格达文明遭受严重破坏。阿拔斯王朝的灭亡，标志着阿拉伯帝国彻底终结。

旭烈兀经过苦战，消灭了阿拔斯王朝，实现了第二步战略目标，紧接着，又向叙利亚进军。蒙古大军连续灭掉木剌夷、阿拔斯王朝等国家，占领了大片地区，军威大振，西方恐慌。叙利亚国王派来使者，请求归降，但旭烈兀想要完全占有叙利亚，不予接受。

1259 年，蒙古军大举进攻叙利亚，攻城略地，势如破竹，很快抵达叙利亚都城大马士革城下。叙利亚国王见势不妙，弃城逃跑，投奔埃及。大马士革守军投降。

旭烈兀不费力气，占领了叙利亚，又实现了第三步战略目标，心中扬扬得意，不肯整军休整，随即马不停蹄，杀向埃及。

埃及是世界四大文明古国之一，当时势力比较强盛，特别是对蒙古军队的入侵，他们已经做好了迎战准备。结果，怯的不花率领的前锋军队轻敌冒进，中了埋伏，全军覆没，怯的不花也战死了。蒙古军在埃及面前碰了壁，遭受了重大损失。

恰在这时，蒙哥的死讯传来，军心浮动。旭烈兀下令班师，结束了第三次西征。此后，大蒙古国没有再举行过西征。

大蒙古国三次西征，扩张了土地，显示了强大力量，但对一些地区的文明造成严重破坏，给当地民众带来灾难和痛苦。

兄弟相争蒙古内乱

　　蒙哥死于伐宋战场，给大蒙古国造成剧烈震荡。蒙哥死得突然，没有指定继承人，于是爆发了激烈的汗位之争。不过，这次汗位之争，发生于拖雷家族内部，属于亲兄弟之间的争斗。

　　拖雷有许多儿子，其中正妻唆鲁禾帖尼生了四个嫡子，分别是蒙哥、忽必烈、旭烈兀、阿里不哥。四兄弟都很优秀，在与窝阔台家族争夺汗位的时候，他们团结一致，齐心协力，把大哥蒙哥推上了汗位。

　　蒙哥死的时候，忽必烈身在伐宋战场，旭烈兀率军西征，阿里不哥则在镇守都城和林，主持朝政。当时，忽必烈兄弟三人的年龄，分别是四十五岁、四十三岁、四十一岁，都属于成熟老练之人。

　　阿里不哥受到蒙哥宠信，长期镇守和林，得到众多宗王贵族的支持，形成了自己的势力集团。阿里不哥善于笼络人心，与蒙哥的皇后忽都台和蒙哥儿子们的关系都很好，朝中大臣阿兰答儿、孛鲁合等人全力支持他。

　　阿兰答儿献计说："现在忽必烈和旭烈兀都领兵在外，只有您留守都城，又有众多宗王支持，正是天赐良机。您应该早做准备，登上汗位。"

　　阿里不哥听了，正中下怀，于是紧锣密鼓地开展了一系列活动。阿里不哥派兵占领关陇地区，把守各个要道隘口，准备以武力为后盾夺取汗位。与此同时，阿里不哥派人四处游说，联系宗王贵族和部落首领，得到了他们的拥戴和支持。

　　阿里不哥的频繁活动，引起忽必烈妻子察必的警觉。察必秉性聪明，处事果断，她立即派出心腹，日夜兼程，赶往伐宋前线，将这个情况告诉了忽必烈，劝他立即返回。

此时，忽必烈正在围攻鄂州，战况激烈。忽必烈与幕僚们商议怎么办？汉臣郝经极力主张与宋议和，迅速回师，筹备登基大事。忽必烈采纳了，随即率军北返，很快回到燕京。

忽必烈长期领兵在外，又统治漠南汉地，因而在朝中没有势力，但漠南汉地经济实力很强，燕京属于漠南汉地，忽必烈在这里根基很深，于是，忽必烈在燕京驻扎下来，没有贸然继续北进。

阿里不哥听说忽必烈率军北返，有些着急，加快做好了登基准备。阿里不哥自恃都城和林是他的地盘，又得到宗王和朝中大臣支持，想把忽必烈引诱到和林来，逼他就范。于是，阿里不哥几次派出使者，请忽必烈到都城来，共商大事。

忽必烈智谋过人，岂能入他圈套？忽必烈在自己的地盘上，一方面与阿里不哥虚与周旋，一方面部署军队，联络各方人士，做着登基的准备。

1260 年，在汉族士大夫们的策划下，忽必烈做好了一切准备，突然在开平召开由部分宗王贵族参加的会议，抢先宣布自己继承汗位，并随即以大汗的名义，向各地发号施令。

忽必烈的这一手，打乱了阿里不哥的部署，使他又恼又怒。阿里不哥不甘心汗位旁落，于是也召开了宗王贵族会议，宣布自己为大汗。其实，这两次所谓的宗王贵族会议，人数都不全，没有合法性，只是作为忽必烈和阿里不哥抢夺汗位的幌子。相比之下，阿里不哥召开的宗王贵族会议，人数要多一些。

这样，大蒙古国出现了两个大汗，自然形同水火，势不两立，从此展开了长达四年的激烈内战。幸亏忽必烈和阿里不哥的母亲已经去世，她没有看见自己的亲生儿子相互残杀的悲惨景象。

阿里不哥称汗以后，立即派兵南下，挑起战火。南下军队由阿兰答儿等人统领，来势汹汹，企图一举灭掉忽必烈。忽必烈早有防备，率军迎敌，双方展开决战。

亲兄弟同室操戈，双方都毫不手软，杀得昏天黑地，伏尸遍野，血流成河。老天爷似乎也不忍心看到他们手足相残，刮起狂风，飞沙走石，却仍然不能阻止这场厮杀。结果，阿里不哥军队大败，阿兰答儿也死于乱军之中，忽必烈获得大捷。

忽必烈获胜后，不断调兵遣将，筹集粮草，准备攻打和林。1261年，忽必烈率兵北上，讨伐阿里不哥。两兄弟又在漠北草原展开大战，拼得你死我活。经过长时间激战，最后阿里不哥战败，率军远遁，逃往吉利吉思（今叶尼塞河上游）。忽必烈留宗王移相哥镇守和林，自己返回开平。

阿里不哥经过休养整顿，恢复了元气，便又来争夺和林。阿里不哥耍了个花招，他遣使向移相哥通报，说愿意率众来归。移相哥信以为真，没有防备，被阿里不哥偷袭成功。

阿里不哥重新占领了和林，势力再次强盛。忽必烈此时关注的重心已经南移，和林失去了战略意义，而且物资匮乏，因而没有再来争夺。

在两兄弟内战当中，多数蒙古宗王贵族和朝中大臣都支持阿里不哥，但忽必烈有漠南汉地强大经济实力做支撑，许多汉族士大夫为他出谋献策，他本人又有非凡的军事才能，因而逐渐占了上风。而和林地处漠北，经济基础薄弱，和林城中渐渐粮草不继。阿里不哥从察合台汗国借调粮食等物资，却被阿鲁忽截留。阿里不哥大怒，觉得留守和林意义不大，便决定移师西征阿鲁忽。阿里不哥走后，忽必烈军队不战而收复和林。

阿里不哥击败了阿鲁忽，在伊犁河领域游荡。伊犁河一带贫瘠，破败不堪，阿里不哥的日子很不好过，势力逐渐减弱。

1264年，伊犁河领域遭受大灾荒，士兵没有吃的，饥饿难忍，纷纷逃离。阿里不哥走投无路，只好向忽必烈投降，兄弟相争宣告结束。两年之后，阿里不哥病死，有人说是被忽必烈毒死的。

在忽必烈和阿里不哥兄弟俩争夺汗位的时候，西征的旭烈兀正在返回的路上，他听说两兄弟打得你死我活，并且都声称旭烈兀支持自己，感到左右为难，干脆留下不走了，在西亚建立了伊利汗国，自己做了大汗。

原先受到拖雷家族压制的窝阔台汗国和察合台汗国，见拖雷家族发生内讧，十分开心，乐得坐山观虎斗，并且从此不再听从蒙古大汗的命令，搞起独立来了。

　　曾经强盛一时的大蒙古国，因为一场内战，即将四分五裂了。

大蒙古国一分为五

大蒙古国通过三次西征，夺取了大片土地，在这些土地上，分别建立了钦察汗国、察合台汗国、窝阔台汗国、伊利汗国。这四个汗国，都属于中央政府管辖，使大蒙古国成为横跨亚欧、强盛一时的大帝国。可是，在忽必烈和阿里不哥兄弟内战以后，这些汗国都先后脱离中央政府，变成了独立的国家，而忽必烈则在蒙古本部建立了元朝，大蒙古国便一分为五了。

钦察汗国，也叫金帐汗国、术赤兀鲁思，疆域南起黑海、里海、巴尔喀什湖，北到北极圈附近，面积六百多万平方公里，范围大致包括今俄罗斯西部、东欧大部和高加索部分地区。

成吉思汗第一次西征的时候，灭掉了花剌子模等国，将其中很大一块土地封给了长子术赤，术赤开始对这些地方进行统治。这是钦察汗国建国的基础。

术赤死后，次子拔都继承了父亲的爵位和封地。拔都率军第二次西征，攻占了钦察草原、高加索和俄罗斯部分地区，战果辉煌。窝阔台为了表彰拔都的功绩，将其中大部分地区封给了拔都。

1242年，拔都在封地上建立了钦察汗国。拔都把伏尔加河地区作为政治中心，在伏尔加河入口处建立了萨莱城（今俄罗斯阿斯特拉罕一带），作为都城。

拔都建立了钦察汗国，统治了一大片土地，便没有了谋取大蒙古国汗位的野心，也不太热心于蒙古本部的事情，而是专心治理自己的汗国。1255年，拔都去世，其弟别儿哥继位，与中央政府的联系日渐减少。

1260 年，忽必烈与阿里不哥为争汗位展开内战，钦察汗国便脱离了中央政府，开始独立。后来，钦察汗国名义上承认元朝是宗主国，也曾接受过元朝册封，但实际上仍然处于独立状态。

钦察汗国独立以后，强化中央集权，加强与埃及等国的贸易活动，一度十分强盛。后来，钦察汗国发生分裂，逐渐衰落下去，1502 年被克里米亚汗国灭掉，归并于俄罗斯帝国。钦察汗国存在二百六十年。

察合台汗国，是成吉思汗次子察合台依其封地所建，鼎盛时疆域东起今新疆吐鲁番，西至阿姆河，北到塔尔巴哈台山，南抵兴都库什山，面积三百五十万平方公里。

成吉思汗不想让长子、次子继承他的汗位，而是选择了三子窝阔台，为了弥补长子和次子，便把西征得到的土地，大部分封给了他们，察合台便在自己的封地上建立了察合台汗国。

察合台与术赤矛盾尖锐，而支持窝阔台继承汗位。所以，在窝阔台执政时期，察合台的地位很高，因而他的汗国发展很快。察合台家族与窝阔台家族关系密切，而与术赤和拖雷家族有矛盾。

蒙哥即位以后，打压窝阔台和察合台家族，把察合台汗国的河中地区（今乌兹别克斯坦和哈萨克斯坦西南部）交给拔都统辖。此时，察合台已死，继位者无可奈何，察合台汗国的发展陷入低谷。

蒙哥死后，拖雷家族内部兄弟相争，给了察合台汗国一个难得的发展机会。察合台汗国趁机夺回了河中地区，壮大了势力，并脱离中央政府，成为一个独立的国家。

察合台汗国地处中亚，是连通东西方的枢纽，战略位置十分重要，因而多年战争不断，主要是各汗国之间的争斗。后来，察合台汗国分裂成东察合台汗国和西察合台汗国。西察合台汗国于 1402 年灭亡，东察合台汗国却一直坚持到 16 世纪，存在四百多年。

窝阔台汗国，是蒙古四大汗国中地盘最小、存在时间最短的，疆域在额尔齐斯河上游和巴尔喀什湖以东地区，主要在今新疆和内蒙古境内。

成吉思汗指定窝阔台为大汗继承人，因而给他的封地最小，只是原乃蛮部和西辽的部分地区。窝阔台继承了大汗之位，自然不在乎封地大小，他登基之后，转手把封地给了他的长子贵由。贵由志在汗位，也不重视封地，致使窝阔台汗国发展比较缓慢。

蒙哥即位以后，限制打压窝阔台汗国，窝阔台的庶子们也得到一部分土地，使窝阔台汗国势力更加弱小，甚至形不成一个完整的区域。

窝阔台的孙子海都心怀不满，他聪明能干而又狡诈，积极联络鼓动窝阔台系成员，逐渐成为窝阔台系诸王的首领。在忽必烈与阿里不哥兄弟相争的时候，海都支持阿里不哥，希望兄弟俩的战争打得越大越好。与此同时，海都整训军队，对外扩张，并联系钦察汗国和察合台汗国，不断扩大自己的势力。

1268年，海都趁忽必烈伐宋之机，发动叛乱，正式建立独立的窝阔台汗国。海都率军攻占了和林。后来，忽必烈派大军讨伐，海都毕竟势力不强，屡战屡败，只得进行游击战。1301年，海都兵败身死，窝阔台汗国不久灭亡。窝阔台汗国只存在了五十八年。

伊利汗国，又叫伊儿汗国、伊尔汗国，鼎盛时疆域东起阿姆河、印度河，西面包括小亚细亚大部分地区，南抵波斯湾，北到高加索，面积与钦察汗国差不多。

蒙哥在位时，命弟弟旭烈兀率军第三次西征，进一步扩张领土。蒙古铁骑大显神威，连续灭掉木剌夷国、阿拔斯王朝，征服叙利亚，占领大马士革。不料，蒙哥突然死亡，旭烈兀只好率军返回。

旭烈兀在回军途中，得知自己的哥哥和弟弟正打得不可开交，他左右为难，便停下不走了。旭烈兀向双方分别派出使者，进行调和，并劝弟弟阿里不哥放弃争斗，拥戴二哥忽必烈称汗。

忽必烈很高兴，为了拉拢旭烈兀，传旨将波斯土地归旭烈兀统治。于是，旭烈兀名正言顺地建立了伊利汗国。旭烈兀不久病逝，其长子继位。

伊利汗国距离蒙古路途遥远，形成了独立国家，于14世纪末灭亡，存在近百年。

1271年，忽必烈见四个汗国纷纷独立，不再听从大汗诏令，便在蒙古本部建立了元朝。这样，大蒙古国就一分为五了。

元朝是在大蒙古国基础上建立的，并且同出一源。但是，元朝与大蒙古国是两个概念，不能混为一谈。

忽必烈建立元朝

1206 年，成吉思汗在斡难河源建立大蒙古国，后来窝阔台建都和林（今蒙古国境内）。大蒙古国经过六十多年的对外扩张，形成了拥有蒙古本部和四个汗国、横跨亚欧的强大帝国。可是，这个强大帝国，却随着忽必烈与弟弟阿里不哥的内战而解体了。

1271 年，忽必烈在蒙古本部建立元朝，建都大都。不久，元朝灭掉南宋，统一了全国，形成了中国历史上第一个由少数民族建立的大一统王朝，统治中国近百年。

忽必烈与蒙古族其他统治者不同，他接受并逐步推行汉文化，并以汉文化治理中国。忽必烈推行汉文化是从治理漠南汉地开始的，蒙哥登上汗位以后，将漠南汉地交给忽必烈统治。漠南汉地主要是原来金国的地盘，包括从漠南到淮河的广大区域。这些地方，很大一部分属于中原地区，原来都是汉族人统治的地方。

忽必烈在统治漠南汉地过程中，逐渐认识到，必须用汉人的办法来统治汉地。因此，忽必烈招揽和重用了一大批汉族知识分子，并注重收服汉族人心。忽必烈在汉族士大夫帮助下，依靠漠南汉地雄厚的经济实力，最终打败了位于漠北的阿里不哥，成为统治者。

可是，忽必烈依靠汉人的做法，却引起蒙古贵族们的极大不满，认为忽必烈是蒙古人的"叛逆者"。四大汗国纷纷独立，这是一个重要原因，或者说是一个借口。面对大蒙古国的分裂，忽必烈也无可奈何。

在汉族大臣刘秉忠等人的建议下，忽必烈颁发《至元改元诏》，宣布将大蒙古国改为"大元"，自称皇帝，元朝正式建立。"大元"这个国号，是汉族士大夫帮他起的，取《易经》中"大哉乾元"之义。蒙古人建立的政权，国号却出自汉族传统经典著作。

忽必烈建立元朝以后，尊成吉思汗为元太祖、窝阔台为元太宗、贵由为元定宗、蒙哥为元宪宗，追尊父亲拖雷为元睿宗，封正妻察必为皇后，立嫡长子真金为皇太子，完全是汉族统治者的模式。

忽必烈按照汉族王朝的方式，设置了中央机构。其中，中书省为最高行政机关，中书省的长官行使宰相职权。中书省下设吏部、户部、礼部、工部、刑部、兵部等六部。御史台为最高监察机关，下面设有殿中司、察院、内八道肃政廉访司等机构，还有若干名监察御史。元朝的中央机构，与大蒙古国迥然不同，而与汉族人建立的王朝十分相似。忽必烈任命的朝廷官员中，有很多是汉族人，其中史天泽被任命为宰相。

元朝在地方上实行行省制度，行省下面设有道、路、府、州、县，分层级进行管理。现在省的名称和行政单位，是从元朝开始的。这样，大蒙古国时期的千户制等制度基本结束，军队管理和地方治理完全分开了。

忽必烈开始重视农业。蒙古是游牧民族，历来以畜牧为主，经济单一，不习惯农耕。他们在占领中原过程中，甚至有人荒唐提出，把当地民众全部迁走或杀掉，让北方变成大牧场。忽必烈建立元朝以后，统治重心转向中原地区，自然要适应农耕文明的需要。

忽必烈在朝廷设置了司农司、劝农司等专管农业的机构，把农业生产作为考核官吏的重要标准，并命人编辑《农桑辑要》，颁行全国，用以指导农业生产。同时，采取一些鼓励发展农业的措施，垦田开荒，兴修水利，推广棉花种植，使元朝的经济基础逐渐转向了农业。

在思想文化方面，元朝延续了大蒙古国兼容并包政策，各种宗教和思想文化都任其发展。窝阔台时期，在耶律楚材的建议下，蒙古统治者开始尊崇孔子，推广儒学。忽必烈建立元朝以后，接受汉族士大夫的建议，实行以儒家思想治国，兴办学校，推行程朱理学，并且把程朱理学作为官学。孔子的地位得到极大提升，在元成宗时期，孔子被封为"大成至圣文宣王"。

忽必烈为了统治中原的需要，命刘秉忠规划建设了大都，随即将都城迁至大都。元大都奠定了现在北京市的基本格局，此后经过历代修建，北京成为规模宏伟的大都市。

忽必烈在建立元朝过程中，并没有得到很多蒙古贵族的支持，而是依靠了大批汉族士大夫的支持和帮助，其中，金莲川幕府起到了关键性作用。忽必烈正是在金莲川广揽人才，在士大夫们的协助下，才确立了安邦治国之策，开创了大元王朝的宏伟事业。

士大夫云集金莲川

忽必烈在统治漠南汉地的时候，招揽了一大批人才，被称为金莲川幕府。这些人才，有许多是汉族的士大夫。士大夫，是指有官职或有名望的读书人。

这些汉族士大夫们，云集在忽必烈周围，或为他出谋划策，或为他讲授汉文化和儒家思想，对忽必烈产生了重大影响。

金莲川，在今内蒙古与河北张家口交界处一带，这里水草丰富，气候凉爽，禽鸟众多，风景优美，尤其是遍地盛开金莲花，所以取名金莲川。金莲川曾经是辽、金、元皇帝的避暑胜地，现在也是著名的旅游景点。

1251 年，忽必烈受命统治漠南汉地，他便在这里建立了自己的金帐，后来建筑了一座新城，取名开平，也就是元上都。金莲川条件良好，离中原也近一些，忽必烈多数时候居住在这里，作为他的大本营。

忽必烈胸怀大志，他知道，要想干成大事，关键是要有贤人相助。于是，他在金莲川建府以后，千方百计招揽人才，而且不问出身，不分种族，蒙古人、吐蕃人、维吾尔人、阿拉伯人都有，更多的是汉族人。当时金国已经灭亡，蒙古统治着北方，北方一些汉族士大夫们听说忽必烈招贤，纷纷云集到金莲川，有史记载的就多达六十余人。

忽必烈早在年轻的时候，就仰慕汉文化，结识了一些汉族朋友，他统治漠南汉地以后，更是需要熟悉汉文化，于是，便聘请名士王鹗做他的老师。

王鹗，曹州东明（今山东东明）人，是金国科举状元，比忽必烈大二十五岁。忽必烈听说王鹗是著名大学者，恭恭敬敬地把他请来，让王鹗为他讲授经典《尚书》《孝经》《易经》等，认真学习汉文化和儒学。

忽必烈对博大精深的汉文化越来越感兴趣，常常学习到深夜。王鹗为忽必烈讲学一年多时间，因年老体衰而返乡，忽必烈专门为他建造了豪华住宅。

忽必烈求贤若渴，有一次，他请佛教的海云禅师讲法，见海云禅师的徒弟刘秉忠很有才华，便请求把他留了下来。刘秉忠从此跟随忽必烈，为建立元朝和制定政治体制发挥了重大作用，后来被追封为常山王。

刘秉忠推荐了一批汉族知识分子，著名的有张文谦、姚枢、赵璧、郝经、赵复、许衡、元好问、杨惟中等人。忽必烈招揽贤人的名声传出后，许多士大夫纷纷归附，使得金莲川幕府人才济济。

这些人都满腹经纶，通晓儒家典籍和治国之道，有的是名望甚高的大儒，有的是程朱理学的代表人物。忽必烈对这些人才十分喜欢，经常同他们研讨儒学和治国安邦之策。

赵璧，云中怀仁（今山西怀仁）人，学识渊博，尤其以擅长写文章而闻名。忽必烈想伐宋，让人写伐宋檄文，可几个人写了，忽必烈都不满意，又让赵璧起草。赵璧不假思索，挥笔而就。忽必烈阅后大喜，说："秀才写的正合我意。"

忽必烈对赵璧十分尊敬，从不叫他的名字，而是称为秀才。忽必烈赐给赵璧三个奴仆，还让王后亲自给他做衣服。赵璧后来官至平章政事，相当于宰相。

张文谦，邢州沙河（今河北邢台）人，思维敏捷，胸有谋略，是忽必烈的主要谋臣之一。张文谦多次向忽必烈进言，说统治一个地区，必须首先得到民心，不可嗜杀。忽必烈听从了，多次下达止杀令，逐渐改变了蒙古士兵掠夺杀人的旧习。

张文谦协助刘秉忠，制定了元朝的行政体制和有关政策制度，还主管农业，为元朝的建立和发展做出了重要贡献。张文谦官至太师、上柱国，被封为魏国公。

北方被辽、金统治多年，汉族士大夫们的正统观念不强，对少数民族统治并不抵触，也愿意为其效力。所以，一大批汉族士大夫聚集到忽必烈周围。

但是，并不是所有的士大夫都愿意为蒙古人服务，著名大儒窦默就改名换姓，隐居不出。忽必烈听说了他的大名，派使者去请他，窦默却拒不相见。使者没有办法，只好恳请窦默的好友带他去见，这才见到了窦默。费了好大劲，忽必烈才把窦默请来。

忽必烈见到窦默，十分高兴，马上就问治世之道。窦默讲了一番儒家的治国思想，忽必烈听得津津有味。此后一段时间，忽必烈一天就要召见窦默三次，向他询问儒学和治国之策。窦默见忽必烈十分心诚，便打消偏见，将平生所学尽情讲述，忽必烈感觉受益颇深。

有一天，忽必烈问窦默："我想效法唐太宗，重用魏徵那样的人，能不能找到？"

窦默说："依我看，敢于犯颜直谏、刚毅不屈的，要数许衡；若论深谋远虑，有宰相之才者，当数史天泽。"忽必烈频频点头，于是重用了许衡和史天泽。

窦默后来担任皇太子真金的老师，又奏请设立太学、翰林院，为推广儒学倾注了全部心血。窦默八十五岁病逝，忽必烈封他为魏国公，谥号"文正"。

忽必烈设立金莲川幕府，聚集了一大批汉族知识分子，这些人向忽必烈灌输了儒家思想，同时也帮助他治理漠南汉地，为元朝的建立奠定了坚实基础。

用汉人方法治理汉地

1251 年，忽必烈帮助兄长蒙哥争得汗位。蒙哥觉得这个弟弟既能干，又忠心，一时高兴，就把漠南汉地交给他统治。

漠南汉地，主要是原来金国的地盘，从漠南一直到淮河，地域宽广，物产丰富，人口众多，大部分是汉族人，因而被称为漠南汉地。

忽必烈十分兴奋，认为在这片辽阔大地上，可以尽情施展自己的才能。忽必烈手下的幕僚们也很高兴，纷纷向他祝贺，只有姚枢感到不安。

姚枢对忽必烈说："漠南汉地土地之广、人口之众、物产之丰富，超过任何一个地区，如果全归殿下管辖，还要大汗做什么？日后如果有人挑拨，大汗必定生疑，反为不妙。您应该上书推辞，最多只管辖这一地区的军事，这样才能使大汗安心。"

忽必烈猛然省悟，于是上书推辞。蒙哥果然很高兴，下诏让忽必烈只负责漠南汉地的军事。不过，蒙哥忙于对外用兵扩张，蒙古贵族们没有管理地方的经验和兴趣，所以，漠南汉地所有的军政大事，仍然由忽必烈说了算。

忽必烈统治漠南汉地以后，设置了金莲川幕府，招揽了一大批人才。在汉族士大夫们的帮助下，忽必烈系统学习汉文化，研讨儒家学说，准备用汉人的方法来治理汉地。

忽必烈是个谨慎之人，一开始，他并没有全面推开，而是选择邢州（今河北邢台）、关中等地作为试点，打算取得经验以后，再逐步推广。

邢州原来是蒙古一个贵族的封地，蒙古贵族不会治理地方，只知道榨取民财，欺压百姓，作威作福，搞得民不聊生，怨声载道。百姓们不堪忍受，纷纷逃离。邢州原本有一万多户，时间不长，就只剩下七百户了。

刘秉忠、张文谦向忽必烈建议说："蒙古贵族只知索取，不知抚治，这样的统治肯定不行，应该选派汉族官吏，按照汉族人的方法去管理。"忽必烈采纳了，派刘肃、张耕等汉族官员，去治理邢州。

刘秉忠、张文谦与刘肃、张耕详细制定了对邢州的管理办法，以安抚人心、减轻百姓负担为主。刘肃、张耕到任后，采取减免税赋、鼓励农耕、救助贫困、推行教化等措施，很快安抚了民心，稳定了局面，邢州出现兴旺景象，不到一年时间，人口增长了十倍。

忽必烈见邢州大治，心里十分高兴，觉得用汉法治理汉地，是个行之有效的好办法，于是下令，在关中地区推行汉治。

关中，是指潼关以西广大地区，面积比邢州大得多，沃野千里，人口稠密。忽必烈在关中设置了安抚、经略、宣抚三司机构，官员多数是汉人。关中采取"选人以居职，颁俸以养廉，去污以清政，劝农以富民"等措施，很快实现大治，社会稳定，经济发展，百姓安居乐业。

忽必烈在邢州、关中取得经验后，逐步在河北、河南、山东等地推广，都取得明显效果。与此同时，忽必烈也获得良好声誉，许多中原民众改变了对蒙古统治者的看法。在此期间，忽必烈率兵攻灭大理国，立下大功，使他的权势和声望如日中天。

然而，忽必烈推行汉治的做法，违背了蒙古传统的统治方式，提高了汉人地位，触犯了蒙古贵族的利益，招致许多蒙古贵族的不满和反对。以朝中大臣阿兰答儿为首的一批官员，纷纷向蒙哥进谗言，说忽必烈大肆收买中原人士，必有不臣之心。

蒙哥对忽必烈的做法也不满意，并且起了猜忌之心。1257年，蒙哥下令削夺忽必烈兵权，收回了邢州、关中、河南等地权力，撤销了一批汉族官员的职务，忽必烈推行汉治遭受了重大挫折。

金莲川幕府的士大夫们也遭到打击迫害，不少人被免除职务。不过，士大夫们并没有离散，反而更加团结，并且纷纷为忽必烈出谋献策。鉴于蒙哥和蒙古贵族势力庞大，他们建议忽必烈韬光养晦，暂且忍耐，等待时机。忽必烈听从了，于是以脚疾为由，在开平养病休息。

时间不长，忽必烈的时机就来了。蒙哥大举伐宋，他自己率军攻打四川，让宗王塔察儿率东路军进攻荆襄地区。塔察儿没有领兵才能，屡吃败仗，进军不利，蒙哥十分恼火。

忽必烈见机会难得，赶紧给蒙哥上书，说自己的病好了，愿意领兵出征，为兄长效力。蒙哥没有办法，只好将东路军交给忽必烈统领，忽必烈重新掌握了兵权。

1259 年，蒙哥死于四川钓鱼城下，这给了忽必烈一个天大的机会。当时，忽必烈率东路军所向披靡，一举渡过长江天险，包围了鄂州。蒙哥死讯传来，忽必烈由于战事顺利，并不想立即撤兵。士大夫们纷纷劝他说，凡事要有轻重缓急，眼下最要紧的，是回去争夺汗位。忽必烈的妻子察必，也派人劝他速回。于是，忽必烈撤军北返，驻军在燕京一带。

此时，忽必烈的弟弟阿里不哥，正在紧锣密鼓地做着登基准备。阿里不哥受蒙哥宠信，长期镇守都城和林，主持朝政，因而得到蒙哥皇后和儿子以及朝中大臣们的支持，蒙古贵族多数倾向支持阿里不哥，而倾向忽必烈的却不是很多。阿里不哥几次派使者来，邀请忽必烈去和林，共商大事，企图逼他就范。

1260 年，忽必烈在汉族士大夫们的建议下，抢先在开平宣布继承汗位。阿里不哥大怒，也在和林宣布登位。随后，两兄弟之间展开了长达四年的内战。忽必烈在士大夫们的帮助下，凭借漠南汉地雄厚的经济实力，最终打败了阿里不哥。

忽必烈获胜，掌握了统治权，可是，由于两兄弟的内战，四大汗国借机独立，大蒙古国解体了。

1271 年，在刘秉忠等士大夫们的策划下，忽必烈宣布将大蒙古国改名为"大元"，定都大都，从此开始了元朝近百年的统治。

平定李璮叛乱

在忽必烈与阿里不哥争夺汗位的时候，漠南汉地发生一件大事，山东军阀、汉族将领李璮，打着恢复汉族政权的旗号，举兵叛乱了。

李璮，潍州北海（今山东潍坊）人。李璮的父亲李全，是金末地方武装红袄军的首领，占据山东益都（今山东青州）一带，先后与金国、南宋为敌，被南宋军队所杀。李璮的母亲杨妙真，也是红袄军首领，武艺高强，独创梨花枪，号称天下无敌手，为后世武术界所推崇。

李璮在父亲死后，接管了队伍，仍然是地方武装的首领。在木华黎经略中原的时候，采取了拉拢地方武装的政策，李璮便投靠了蒙古。当时投靠蒙古的地方武装首领，比较出名的还有张柔、史天泽等人。他们是最早归附蒙古的汉人，被蒙古封官晋爵，称为汉人世侯。

李璮的父母武艺超群，李璮从小习武，武艺高强，而且野心勃勃。李璮起初的势力仅局限在益都一带，经过十多年努力，李璮兼并了周围一些地方武装，势力扩大到大半个山东，而且向南发展，夺取了南宋的海州（今江苏连云港）等四座城池。

蒙古统治者十分器重李璮，将宗王塔察儿的妹妹许配他为妻。后来，李璮又娶了王文统的女儿。王文统是金莲川幕府成员之一，被忽必烈任命为平章政事。

李璮势力壮大以后，野心膨胀，想要反叛蒙古，建立自己的政权。李璮的反心，许多人都看出来了，汉人世侯之一的张宏，就曾经向忽必烈进言，说李璮必反。忽必烈正在推行汉治，极力拉拢汉人世侯，只好先采取笼络的策略，加封李璮为江淮大都督，赐金银符六十多枚，同时对他保持着警惕。

1262年，忽必烈与阿里不哥为争汗位打得不可开交，忽必烈亲率大军征伐漠北，中原一带兵力空虚。李璮觉得机会难得，终于公开举兵叛乱了。

李璮在起兵之前，秘密召回了留在燕京的儿子李彦简，还写信告知了岳父王文统。李璮发布文告，传檄各地，打着恢复宋朝的旗号，号召中原民众和汉人世侯起来造反，推翻蒙古统治，建立汉人政权。李璮起兵之后，杀掉境内的蒙古官员和戎军，迅速攻占了济南。

李璮为了起兵成功，给南宋皇帝写信，要求联合出兵，共同抗蒙。南宋则要求李璮，先归还被其占领的海州四城。李璮无奈，只好归还城池，以表诚意。南宋已经偏安江南多年，实力弱小，不敢与强大的蒙古对抗，又与李璮有杀父之仇，所以只是象征性地出了一点兵，并没有全力支持他。

李璮原先以为，他打着恢复宋朝的旗号，中原民众和汉人世侯必会群起响应。可是，宋朝丢失北方已达一百三十多年，北方长期在辽国、金国、蒙古的统治之下，人们对宋朝已经十分陌生，汉人统治的观念也很淡漠，再加上忽必烈推行汉治很有成效，因而中原民众几乎无人响应。

在北方有许多汉人世侯，很早就投靠了蒙古，自身得到很多利益，因而大多数都忠于蒙古。汉人世侯不仅没有响应李璮叛乱，反而听从蒙古大汗的命令，向李璮展开攻击。

李璮叛乱时，忽必烈正在漠北与阿里不哥决战。起初，忽必烈有些恐慌，他担心李璮打出恢复宋朝的旗号，汉人响应，北方会陷入混乱。

谋士姚枢为忽必烈分析了形势，指出李璮不会得到江南政权和北方民众的支持，并且说："李璮有勇无谋，他起兵后应该有上中下三策，我料定他必出下策，就是据守济南，我们正好可以瓮中捉鳖。"

姚枢还献计说："对付李璮，用不着蒙古大军回去，当地汉人世侯的武装就足够了。建议可由史天泽负责平叛。"

忽必烈听了很高兴，放下心来，随即任命史天泽为平叛总指挥，由宗王合必赤协助他。同时，忽必烈命汉人世侯的武装力量迅速向济南集中，合围李璮。忽必烈还处死了与李璮有联系的王文统。

史天泽是汉族人，可在他父亲史秉直那一代，就归附了蒙古，对蒙古十分忠心。史天泽接到命令，不敢怠慢，立即率部奔赴济南，同时令各地武装，急速向济南聚集。

史天泽到达济南后，立即修筑围城工事，防止李璮突围。不久，各地武装纷纷赶到，将济南围得水泄不通。李璮身陷孤城，真成瓮中之鳖了。

李璮确实有勇无谋，他攻占济南以后，没有采取进一步的行动，而是坐等南宋出兵和民众响应，白白耽误了两个多月时间。如今城池被围，只能被动守城了，好在济南城坚固，能守一阵子。

史天泽见济南城坚墙厚，易守难攻，为了减少伤亡，也不急于攻城，而是围而不打，坐等城中粮尽。李璮知道史天泽的用意，知道守在城中，早晚是死路一条，于是多次组织突围。然而史天泽已经修好了围城工事，李璮军队根本冲不出去，而且伤亡惨重。

李璮守城五个多月，城中终于粮尽了，战马也吃光了，甚至到了人吃人的地步。军心涣散，许多人坠城投降。李璮知道末日已到，亲手杀了自己的妻妾，然后投大明湖自尽，可惜没有淹死，最终被史天泽军队抓获。

李璮被擒后，史天泽与宗王合必赤共同审讯他。史天泽喝问："大汗没有亏待你，为什么叛乱？"

李璮见有蒙古王爷在场，心生一计，血口喷人，说："你与我约定共同起兵，为何背盟？汉人世侯结盟反蒙，恢复大宋，可惜一个个贪生怕死，致使大事不成。"

史天泽听了，勃然大怒，又担心他胡说八道，下令将李璮斩首。

李璮叛乱只有半年多时间，就兵败身死，而且平叛所用的兵力，主要是汉人世侯的武装力量，蒙古军队不是很多。

可是，李璮的叛乱，却引起忽必烈对汉人的警觉，尤其是李璮的血口喷人，更令忽必烈感到不安。后来，忽必烈逐步削夺了一些汉人将领的兵权，并取消了汉人世侯的世袭，这对于汉族官僚与蒙古贵族之间的矛盾，产生了重要影响。

刘整献策攻伐江南

忽必烈当上蒙古大汗以后，与弟弟阿里不哥打了四年内战，又平定了李璮叛乱，巩固了自己的统治。

忽必烈雄心勃勃，北方稳定之后，便把目光投向了江南。可是，窝阔台和蒙哥两次伐宋均遭失败，使忽必烈心有余悸，犹豫不决。这个时候，一个关键人物出现了，他就是南宋降将刘整。

刘整，字武仲，祖籍京兆樊川（今西安一带），徙居邓州穰城（今河南邓州）。刘整原本是金国将领，后来投靠了南宋。刘整骑射精良，勇猛过人，性格深沉，胸有智谋，在南宋名臣赵方手下为将，屡立战功，名气很大。

赵方临终前，对接替他职务的儿子赵葵说："刘整有才，但品行不端，你驾驭不了他，应该尽早杀掉，以免日后为祸。"可是，赵葵怜其勇，没有听老爹的话。

刘整后来成为南宋名将孟珙的部下，他作战勇敢，经常充当先锋。有一次，宋军攻打金国的信阳。刘整挑选了十二名勇士，在夜里偷渡堑河，攀上城头，杀散守军，夺取了城池。

孟珙又惊又喜，说："五代名将李存孝率十八骑攻破洛阳，而刘整只用十二人就攻取信阳，真是赛存孝。"从此，刘整"赛存孝"的名号，就在军中流传开来。

金国灭亡以后，蒙古军开始攻打南宋。当时的南宋皇帝是宋理宗，宋理宗在位四十一年，颇有作为，他联蒙灭金，洗刷了靖康之耻，又两次打败蒙古军大规模进攻，保住了江南半壁河山。刘整在抗蒙战场上，继续冲锋陷阵，再立新功。

宋理宗病逝以后，侄子宋度宗继位。宋度宗从小就是弱智，七岁才会说话，但因宋理宗没有儿子，侄子也就这么一个，只好由他继位。宋度宗傻乎乎的，只知道吃喝玩乐，根本不会治国理政，朝廷大权落到宰相贾似道手里。

贾似道是历史上有名的奸臣，骄奢淫逸，不务正业，整天斗蟋蟀，还写了一部专门研究蟋蟀的书籍，被称为"蟋蟀宰相"。贾似道为了巩固自己的权势，结党营私，嫉贤妒能，专门迫害打击功劳大、名望高、能力强的人，抗蒙名将向士璧、曹世雄等人被迫害致死，文天祥等一批贤臣，有的被免官，有的遭流放。

刘整属于功劳大、名望高、能力强的人，自然也在打击之列。刘整满心愤懑，他见南宋已无希望，又听说忽必烈招贤纳士，重用汉族士大夫，便毅然北上，投靠了忽必烈。

忽必烈听说过刘整的名声，见他来降，十分高兴，亲自接见，并向他询问南宋的情况。

刘整见忽必烈英武睿智，礼贤下士，也很高兴，便把南宋情况和盘托出，说："宋朝天子弱智昏庸，奸臣当道，朝廷混乱，民不聊生，灭亡已不可避免。我朝应该趁此良机，发兵江南，统一天下。"

忽必烈听了大喜，立即召开朝会，商议攻打南宋之事。可是，大臣们鉴于两次伐宋失败的教训，对伐宋没有信心，又觉得局势刚刚稳定，不宜再开战端，于是，多数大臣都不同意。

刘整觉得有点惋惜，又对忽必烈说："宋朝正处于混乱之中，这是天赐良机，如果宋朝换了一个圣明天子，再想灭宋就困难了。大汗要想建功立业，绝不能失去这个机会。自古以来的帝王，如果不能统一天下，就算不上正统。我朝已有天下十之七八，只剩下江南一隅，为什么不趁机一统天下，形成正统呢？"

刘整的话打动了忽必烈，忽必烈一拍大腿，说："讲得好！我的决心已定，不必再议了。"

刘整又向忽必烈献计说："过去我朝伐宋，主力放在四川，并不是好办法。宋朝沿江淮设置了千里防线，其中襄阳的位置十分重要，就像千里长蛇的软腹，如果攻破襄阳，便可将长蛇截为两段，然后长驱直入，直捣杭州，大业可成。"

忽必烈听了，异常兴奋，连声叫好。刘整又说："襄阳依汉水而立，易守难攻，要想攻破襄阳，必须有强大的水军。我愿效犬马之劳，为我朝训练水军。"

忽必烈更是高兴，当即任命刘整为镇国上将军、都元帅，并委任刘整负责组建和训练水军。

在此之前，蒙古主要依靠骑兵，蒙古铁骑纵横天下，所向无敌，但没有水军，不习水战。南宋的水军比较强，蒙古军多次吃亏在水战上，所以，蒙古军不敢把水泊众多的荆襄地区作为主攻方向。

刘整在南宋多年，对水战十分熟悉，他接受任务以后，立即着手组建水军，建造战舰，加强训练。刘整根据实战的需要，建造的战舰比南宋的船个头小，但速度快，十分灵活，更适于水战，战舰上还装备了火炮之类的先进武器。

刘整经过一年多时间的训练，一支强大的水军便应运而生，从此，南宋在水战方面的优势不复存在。蒙古水军在攻打襄阳时发挥了重要作用，在最后的崖山海战中，蒙古水军打败了南宋水军，使南宋彻底灭亡。

忽必烈做好了一切准备，蒙古第三次大规模伐宋战争就要开始了。这一次，南宋政权恐怕在劫难逃了。

灭亡南宋统一天下

1267 年，忽必烈做好了一切准备，第三次发动了对南宋的战争。忽必烈按照刘整的建议，把主攻方向放在荆襄地区，拉开了襄阳之战的大幕。

襄阳在今湖北境内，有七省通衢之称，战略位置十分重要，历来是兵家必争之地。襄阳城有岘山、汉江两道天然屏障，城坚池深，仓储丰厚，易守难攻。襄阳城与樊城隔江相望，互为犄角，可以相互支援。襄阳离蒙古统治地区很近。

忽必烈任命蒙将阿术为主将、刘整为副将，率兵五万，攻打襄阳。阿术是速不台的孙子，时年三十多岁。刘整当时五十六岁，久经沙场，经验丰富，襄阳之战实际上是由他指挥。宋军方面指挥襄阳之战的，是吕文德、吕文焕兄弟。兄弟俩也是征战多年，很有经验。

在对襄阳开战之前，刘整施了个计策，他向吕文德行贿，要求在襄阳城外设立集市，并以保护货物为名，修筑城堡。由于宋蒙之间几年没有战事，吕文德麻痹，竟然同意了。这样，刘整以集市贸易为掩护，使大批伪装的蒙古军士兵轻易渡过汉江，聚集在襄阳城下。

部署妥当之后，蒙古军突然向襄阳城发动攻击。宋军急忙奋起抵御，好在襄阳城坚固，刘整的偷袭没有成功。此后，蒙古军依托集市上的城堡，与襄阳城对峙。

南宋朝廷听说襄阳被围，陆续派来援军。刘整见襄阳城短时间难以攻破，建议采取围点打援的策略。忽必烈同意了，命史天泽带领大批援军，赶到襄阳战场，其中水军七万、战舰五千艘。史天泽因平定李璮叛乱有功，已升任枢密副使，由他主掌襄阳军务。

在襄阳之战中，南宋朝廷先后派来十几批水陆援军，均被蒙古军击退或消灭。所以，襄阳之战不是单纯的攻城和防守，而是宋蒙之间的大决战，双方都投入了大量兵力，进行鏖战。经过数十次激烈战斗，宋军主力遭受重大损失，也无援兵可派了。

蒙古军集中兵力攻城，水陆夹击，又用大炮猛轰，城上城下一片火海。襄阳军民同仇敌忾，奋起反击，打退蒙古军一次又一次的猛烈进攻。襄阳城坚守数年，仍然屹立不倒。

在襄阳之战期间，忽必烈建立了元朝，宋蒙战争变为宋元战争。南宋朝廷依然混乱不堪，弱智的宋度宗在襄阳被围三年之后，才知道实情。"蟋蟀宰相"贾似道把持朝廷，照样穷奢极欲，对襄阳之战放任不管。襄阳主帅吕文德身心交瘁，不幸病逝，给守城军民造成很大影响。

1273 年，襄阳城坚守了六年之久，终于粮草断绝，伤亡惨重，无法坚持了。樊城已被元军攻破。吕文焕迫不得已，只好开城投降，襄阳之战落下帷幕。

襄阳是南宋的西大门，襄阳一失，元军便可长驱直入了。忽必烈大喜，调集全国精锐部队，由枢密院使伯颜为主帅、史天泽为副帅，刘整、吕文焕、张弘范等人为先锋，大举进攻南宋。

元军沿长江东进，宋军主力在襄阳之战中遭受重大损失，已形不成有效的抵抗力量。吕文焕投降以后，受到优待，他感到南宋大势已去，也愿意为元朝效力。沿途许多宋军将领，都与吕文焕有交情，在吕文焕的劝说下，纷纷归顺投降。元朝大军势如破竹，很快到达安徽境内，离杭州不远了。

此时，弱智的宋度宗病死，只有三十五岁，他四岁的儿子宋恭帝继位，由谢太皇太后摄政。谢太皇太后令宰相贾似道率军迎敌，贾似道没有办法，只得硬着头皮出战。

贾似道东拼西凑地调集了十三万军队、两千五百艘战船，沿江西上，阻击元军，走到安徽铜陵的丁家洲一带，与元军相遇。贾似道根本不会打仗，又见元军势大，早就吓破了胆，赶紧派人向伯颜求和。伯颜拒绝了，下令对宋军展开攻击。

宋军兵无斗志，一触即败，溃不成军，元军乘胜追杀一百五十多里，宋军几乎全军覆没。贾似道逃回杭州，被免除官职，流放外地，途中被人杀掉。

丁家洲之战，宋军主力几乎损失殆尽。元军士气高涨，继续东进，直扑杭州。途中所经过的州县，多数投降或逃散，但在常州却遇到激烈抵抗。

常州知府姚訔、通判陈炤，面对几十万元军，明知不敌，却奋起反击，坚守数日，被元军攻破城池。陈炤巷战而死，姚訔宁死不当俘虏，投火自焚。

1276年，元军兵临杭州城下。此时，城内几乎没有守军，大臣们都跑光了，只剩下六个朝臣。谢太皇太后毫无办法，只好携小皇帝投降。忽必烈予以优待，谢太皇太后活到七十三岁，宋恭帝活到五十二岁。

在元军包围杭州之前，一些大臣见局势不可逆转，带着宋度宗另外两个幼子逃了出去。朝廷大臣文天祥、张世杰、陆秀夫等人在福州另立宋度宗幼子为帝，延续南宋政权，继续与元军对抗。许多有气节的大臣、将士和民众，纷纷向福州聚集，形成了十几万人的南宋残余势力。

1277年，元军攻占了福州。文天祥与张世杰商议，由张世杰带领大部分人员，坐船入海躲避；文天祥则率部分兵力，留在陆地牵制敌人。

在元军所部当中，张弘范的队伍最为凶悍，对南宋残余势力咬住不放，穷追猛打。张弘范也是汉族人，祖籍南阳，后迁至河北保定。张弘范的父亲叫张柔，是当地武装的首领，很早就投靠了蒙古，成为汉人世侯。

张弘范长须拂胸，风度翩翩，能诗善文，打起仗来却十分凶猛，被封为镇国大将军。在灭宋战争中，张弘范一直充当先锋，立下汗马功劳，如今又要把南宋残余势力赶尽杀绝。

1278年，张弘范消灭了文天祥的部队，文天祥不幸被俘。张弘范劝文天祥投降，文天祥却写下了"人生自古谁无死，留取丹心照汗青"的千古名句。后来，文天祥宁死不屈，从容就义。

张弘范继续追击张世杰的队伍，1279年，终于将张世杰的队伍包围在崖山（今广东江门市境内），南宋残余势力陷入绝境。

此时，张世杰的队伍尚有十万之众，但战斗人员并不多，多数是朝廷官员、随军家属和自愿跟随的民众，其中有不少老人、妇女和孩子。这些人明知宋朝大势已去，却不肯离散，人人准备为国捐躯。

张弘范派人劝降，遭到拒绝，于是展开攻击。张世杰的残余势力自然敌不过如狼似虎的元军，结果战斗人员全部牺牲。陆秀夫背负八岁的小皇帝蹈海殉国。文天祥、张世杰、陆秀夫被誉为"宋末三杰"。

剩余手无寸铁的朝廷官员、随军家属和民众，宁死不当俘虏，纷纷跳海自尽，以身殉国，无一人投降。

第二天，战事结束，风平浪静，在湛蓝的海面上，漂浮起十余万具尸体，其中有许多老人、妇女和孩子。尸体密密麻麻，一望无际，撼人心灵，感天动地！

南宋终于灭亡了。在中国历史上，灭亡的朝代不少，但从来没有像宋朝这样，惨烈、悲壮和令人敬佩！

张弘范灭掉南宋，大功告成，扬扬得意，在崖山石壁上刻下"镇国大将军张弘范灭宋于此"，以作纪念。后来，有人在前边加一个"宋"字，变成"宋镇国大将军张弘范灭宋于此"，以示讽刺。

南宋是被蒙古人灭掉的，但在灭宋战争中起了关键作用和立下大功的刘整、史天泽、张弘范，却都是汉族人。这值得深思。

史天泽为元立大功

在北方汉人当中，投靠蒙古最早、为元朝立功最多、得到官职最高的，要数史天泽了。史天泽当过元朝的将军、宰相，出入将相五十年，被人誉为郭子仪、曹彬一类的人物。

史天泽，大兴永清（今河北永清）人，出身于地主豪强家庭。其父史秉直，是当地武装的首领，手下有数千人。成吉思汗攻打金国的时候，史秉直投靠蒙古，与金军作战，后随成吉思汗徙居漠北，官至行尚书六部事。

史秉直有三个儿子，随父一同投靠蒙古。长子史天倪，在与金军作战时阵亡；次子史天安，被蒙古封为万户；三子史天泽，身高八尺，声如洪钟，善于骑射，有勇有谋，在诸子中最为出色。

史天倪死后，史天泽成为当地武装首领，队伍发展到上万人。木华黎经略中原的时候，很器重史天泽，令他镇守河北一带。史天泽修缮城池，扩充军力，体恤百姓，招揽贤士，很快成为最有势力的汉人世侯。

在窝阔台执政时期，选拔史天泽、刘黑马、萧札喇为三大帅，统领由汉人组成的军队。史天泽统辖真定、河间、大名、东平、济南五地兵马，实力最强。窝阔台分三路大军伐金，史天泽负责东线作战，打败金将完颜白撒和完颜庆山奴，为蒙古灭金立下大功。

在窝阔台、蒙哥两次伐宋战争中，史天泽都率军出征，与南宋军队作战。在著名的钓鱼城之战中，史天泽奉命阻击宋朝援军，三战三捷，使宋朝援军始终不能靠近钓鱼城。

忽必烈统治漠南汉地的时候，也很器重史天泽，任命他为河南经略使。史天泽积极支持忽必烈用汉法治理汉地的政策，在河南地区均赋税、修水利、置屯田、肃官吏、察奸弊，不到三年，河南大治。

山东李璮发动叛乱，忽必烈命史天泽负责平叛。史天泽不负重托，只用半年多时间，就平息叛乱，稳定了局势。

在忽必烈发动灭宋战争中，史天泽先是主掌襄阳军务，指挥襄阳之战，然后与伯颜一道，率领几十万蒙古军，渡过长江，横扫江南。

忽必烈欣赏史天泽的忠心和才能，不断提升他的职务，委以重任。史天泽先后担任光禄大夫、中书右丞相、辅国上将军、枢密副使、中书左丞相等重要职务。忽必烈建立元朝之后，授史天泽开府仪同三司、平彰军国重事，成为宰相之一。

史天泽是元初名将，他多谋善断，用兵谨慎，很少打过败仗，而且主张攻心为上，力戒杀掠。在灭金战争中，有一次攻打真定，遇到顽强抵抗。攻破城池以后，蒙古军将领恼怒，要屠杀居民。史天泽劝阻说："他们不过是被贼人胁制，何罪之有？"在史天泽的制止下，百姓们都被释放。

史天泽不仅军功卓著，还爱护百姓，他严厉约束自己的部队，不许抢掠扰民，不许毁坏庄稼，不许砍伐桑树，对贫困者予以救助。因此，史天泽与宋朝名将曹彬一样，落下了仁义将军的好名声。

史天泽出生在金国，长期受少数民族统治，因而正统观念不强，但他崇尚汉文化，喜欢读儒家经典，尤其喜爱《资治通鉴》。史天泽通过读书，领悟了许多处世哲理，遇事有自己独特的见解。

史天泽被拜相之后，许多亲戚朋友都来祝贺，却见史府内外寂静如常，没有一点喜庆的样子。史天泽说："过去，唐朝大臣韦澳劝诫宰相周墀，说皇帝赐给臣子爵位权力，是用来干事的，不是拿来炫耀的。古人的话很有道理，所以，我不敢庆祝。"

史天泽家族是河北大族，长期为蒙古效力，许多人立有军功，握有兵权，名声显赫。史天泽却感到不安，他知道树大招风的道理，于是多次请求忽必烈，取消了子侄族人十七人的军职，改做地方官员。史天泽还经常告诫族人，要谦虚做人，谨慎做事，遇事忍让，不要树敌。因此，人们称赞史天泽，说他"出入将相五十年，上不疑而下无怨"。

史天泽与其他汉人世侯不同，他们父子从没有侍奉过宋朝和金国，而是一直为蒙古效力。史天泽是忽必烈推行汉治的主要大臣之一，为蒙古统治中原和建立元朝立下大功，也是汉蒙结合的典型代表人物。

1275 年，在南宋即将灭亡的时候，史天泽在伐宋战场上患病，只得北返，不久病逝，享年七十四岁。

史天泽临终前，给忽必烈留下遗书，说："臣年岁有终，死不足惜。只希望我朝占领江南以后，切勿肆行杀掠。"

忽必烈闻知史天泽病逝，震惊哀悼，追封他为太尉，谥号"忠武"。后来，又追封史天泽为太师，封为镇阳王，还建立庙宇，供人们祭祀悼念。

刘秉忠辅佐忽必烈

刘秉忠是元朝杰出的政治家和文学家，他辅佐忽必烈三十多年，对于建立元朝、制定政治体制和典章制度等，都做出了重大贡献。

刘秉忠，邢州人，出身官宦世家。刘秉忠出生时，北方已被金国统治多年。其祖父刘泽，当过金国的邢州节度使；父亲刘润，历任巨鹿、内丘两县提领。

刘秉忠自幼聪颖，酷爱学习，八岁就能写诗作赋，长大后博览群书，满腹学问。刘秉忠十七岁时，到邢台府当了一个文笔小吏。刘秉忠不甘心，常感叹道："我家世代为官，难道我宁愿沦为小吏吗？大丈夫生不逢时，真是悲哀。"

不料，蒙古大举进犯金国，战火纷飞，天下大乱，刘秉忠连小吏也做不成了。面对乱世，刘秉忠忧郁悲伤，一气之下，到天宁寺出家，当了和尚。

天宁寺的住持，是有名的虚照禅师，他佛学深厚，德高望重，人称"再世惠能"。惠能是禅宗六祖。虚照禅师见刘秉忠才华出众，十分喜欢，悉心教授他佛法，并赐名"子聪"。刘秉忠又多了一门佛学的学问。

1242 年，刘秉忠随海云禅师云游四方，来到漠北。海云禅师也是有名的高僧，忽必烈听说过他的名声，把他请到自己帐内，虚心请教。忽必烈当时二十八岁，只是一个宗王，却向海云禅师请教治国之道。

海云禅师微微一笑，说："佛法无边，只是普度众生，贫僧不懂治国之道。中原的大贤硕儒，皆有治国安邦的才能，大王可以请教他们。"

刘秉忠见忽必烈向和尚请教治国之道，也觉得好笑，但认为忽必烈有安邦济世之志，又十分敬佩。当时，窝阔台刚死不久，乃马真后摄政，汗位之争激烈，朝政一片混乱。忽必烈素有大志，所以着急地请教治国之策。

刘秉忠忍不住向忽必烈讲起了儒家学说和中原政权的一些做法，忽必烈听得津津有味，眼界大开。忽必烈留海云禅师和刘秉忠住了好多天，舍不得让他们走，最后恳求海云禅师，把刘秉忠留下。海云禅师见刘秉忠凡心未泯，只好同意了。从此，刘秉忠跟随忽必烈左右，成了他的幕僚和谋士。刘秉忠比忽必烈小一岁。

刘秉忠多才多艺，不仅精通儒学，还通晓地理、天文、律历、占卜、佛学，对《易经》也有研究。刘秉忠视野开阔，胸有智谋，对天下大事了如指掌，经常为忽必烈出谋献策。忽必烈有了刘秉忠辅佐，感到如鱼得水。

刘秉忠给忽必烈讲述汉高祖刘邦的事迹，说："自古成大事者，无不依靠人才，殿下应广泛招贤纳士，聚集天下英才。"在刘秉忠建议下，忽必烈设置金莲川幕府，招揽了大批汉族知识分子。刘秉忠为忽必烈招揽人才不遗余力，听说哪里有大儒，就千方百计把他请来，他自己的同学和熟人，更是拉来了一大批。金莲川幕府的成员，后来多数成了元朝大臣。

在忽必烈统治漠南汉地期间，刘秉忠极力主张用汉人办法治理汉地，被忽必烈所采纳。刘秉忠亲自主持邢州、关中的汉治，选拔官吏，制定政策，精心督导，使推广汉治取得明显成效，为忽必烈打败阿里不哥、取得统治地位、建立元朝奠定了坚实基础。

刘秉忠经常向忽必烈灌输以儒学治国思想，劝他以收服民心为头等大事。刘秉忠随忽必烈出征的时候，力谏制止杀戮和抢掠。忽必烈听从了，多次下达军令，禁止士兵滥杀和掠夺。

大蒙古国自建立以来，一直没有年号。1260年，忽必烈当了大蒙古国的第五任大汗。刘秉忠建议，按照汉人政权的制度，应该设立年号。于是，忽必烈建年号为"中统"，有中华开统之义。后又取《易经》中"至哉坤元"之义，改年号为"至元"。

1271 年，鉴于大蒙古国已经分裂，在刘秉忠等人的建议下，忽必烈将大蒙古国改为"大元"，从此开创了元朝时代。

刘秉忠等人按照汉族政权的模式，为元朝制定了政治体制、典章制度、朝廷礼仪、官僚机构、官职名称等，甚至连朝廷官员的服装、俸禄，都是由刘秉忠等汉族士大夫们制定的。所以，元朝与汉人政权几乎没有区别。

1266 年，在建元前夕，刘秉忠与张柔、段桢一起，受命在燕京规划建造了一座新的都城。新城按照汉族风格建造，工程浩大，被称为元大都。元朝建立以后，将都城迁到这里。元大都奠定了今北京市的基础。

刘秉忠不仅是杰出的政治家，还是著名文学家。他文学功底深厚，诗词文章、散曲乐府，无不精通，被称为元初北方文坛代表人物之一。刘秉忠的元词，寄情咏物，脍炙人口，深受人们喜爱。刘秉忠号称藏春散人，经常以吟咏自乐。

刘秉忠作为忽必烈的主要谋士之一，屡献计策，深受忽必烈信任。刘秉忠处事缜密，从不居功自傲，而是谦和待人，清心寡欲，不慕富贵权力，衣食简朴。他跟随忽必烈以后，很长时间仍然穿着僧衣，也不要任何职务，而以布衣之身参与军国大事。直到后来，刘秉忠才担任了光禄大夫、太保职务。

1274 年，刘秉忠无病端坐而逝，享年五十九岁。忽必烈十分悲痛，对群臣说："秉忠跟随朕三十余年，对朕忠心耿耿，屡出奇谋，言无不尽。秉忠学问之高深，计策之高明，世人都不清楚，只有朕知道。"

忽必烈追赠刘秉忠为太傅、赵国公，谥号"文贞"。后来，刘秉忠又被追封为常山王。

后人在邢州建有三文贞公祠，祭祀籍贯邢州的三大名相魏徵、宋璟、刘秉忠。三人谥号都是"文贞"。

姚枢传播程朱理学

　　在忽必烈众多汉人谋士当中，姚枢属于大贤硕儒。他学识渊博，足智多谋，在辅佐忽必烈成就大业的同时，不遗余力地传播程朱理学。在儒家学派的努力下，程朱理学逐渐成为元朝的统治思想。

　　姚枢，家族原本是中原人士，其先祖在后唐时期出使契丹，因故留在柳城（今辽宁朝阳），后家族迁至洛阳，姚枢在洛阳出生。姚枢的祖父和父亲，都做过金国的官员。

　　姚枢自幼酷爱读书，精通儒家学说，而且富有智谋，眼界宽阔。1232年，窝阔台出兵攻打金国。姚枢见蒙古属于新兴力量，金国灭亡已无可避免，便投靠了窝阔台。当时，中原读书人投靠蒙古的不是很多，而窝阔台在耶律楚材劝说下，已经开始接受儒家学说，于是将姚枢留在身边。

　　姚枢劝窝阔台按儒家思想治理中原，推行仁义，停止杀戮。可是，蒙古就是靠着杀戮抢掠，来激发士兵的好战情绪和原始勇气，因而姚枢的主张并不被接受。不过，窝阔台觉得读书人可以不杀，便给姚枢写了一道诏令，让他保护读书人。姚枢拿着诏令，四处奔走，使一大批儒生免遭杀身之祸。

　　有一次，姚枢遇上一个叫赵复的大儒。赵复是德安（今湖北安陆）人，著名理学家，名气很大。姚枢十分高兴，极力保护，与赵复同吃同住，并亲自把他护送到燕京。姚枢拜赵复为师，跟着他精心研读程朱理学。

　　程朱理学是由北宋程颢、程颐等人开创、南宋朱熹完善的新儒学，传承于孟子一派的心性儒学。程朱理学更加强调"三纲五常"，更加逻辑化，更加符合社会需要，因而在南方受到统治者推崇，但在北方尚未广泛流行。

赵复是程朱理学派的代表人物之一，姚枢跟着他潜心学习，很快成为理学派的重要人物。在中书令耶律楚材支持下，姚枢、杨惟中等人在燕京创立太极书院，请赵复讲授理学，招收学生达百人之多。从此，程朱理学在北方传播开来。姚枢为保护赵复、传播理学功不可没。

1250年，忽必烈听说了姚枢的大名，派人请他前来。当时，姚枢已经五十岁了，名望甚高，而忽必烈只是一个三十多岁的宗王。但姚枢认为忽必烈是个雄才大略的人物，便慷然允诺，来到忽必烈身边，成为他的幕僚和谋士。

姚枢极力向忽必烈灌输程朱理学，劝他把行仁义、收民心放在首位。在忽必烈奉命征伐大理的时候，姚枢向他讲述了曹彬收复南唐的故事，说曹彬占领南唐后，不杀一人，市不易肆。当时忽必烈没有听明白，经过夜里思考，忽必烈终于明白了姚枢的用意。

第二天在行军途中，忽必烈忽然勒住马，回头对姚枢说："先生放心吧，曹彬能做到的，我也能做到。"果然，在大理国杀害蒙古军使者的情况下，忽必烈仍然发布止杀令，禁止士兵杀戮抢劫。

在姚枢等人的努力下，忽必烈接受了程朱理学学说，程朱理学得到广泛传播和更快发展，对后世产生了重大影响，在元、明、清三代，程朱理学都是官方的统治思想。

姚枢不仅精通并致力于传播程朱理学，而且对军事政务也有独到的见解，常常为忽必烈出谋献策，是忽必烈的智囊人物。

忽必烈受命统治漠南汉地，众人都表示庆贺，唯有姚枢有些担心，建议忽必烈上书推辞，并劝忽必烈将妻儿送到都城和林，以免蒙哥生疑。忽必烈听从了，感慨说："先生考虑事情周全，高人一筹。"

山东李璮叛乱的时候，忽必烈召姚枢商议对策。姚枢说："据我分析，李璮起兵后，有三条路可走。一是迅速举兵北上，占据居庸关，把我军挡在关外，造成人心恐慌，对我们十分不利，这是上策；二是与宋朝联合，负固持久，短期内难以将其消灭，这是中策；三是据守济南，坐等宋朝出兵和汉人响应，这是下策。"

忽必烈频频点头，认为分析得很有道理。忽必烈又问："先生认为，李璮会走哪条路呢？"

姚枢胸有成竹，说："我认为李璮必出下策。李璮有勇无谋，不识大体。如今中原民众对宋朝已无感情，必不会响应李璮造反；宋朝与李璮有杀父之仇，也不会全力支持他。所以，李璮必败不可。您不用担心，大军也不用回师，只派史天泽平叛就足够了。"

忽必烈大喜，完全按照姚枢的计策行事，结果与姚枢预料得一模一样。忽必烈夸赞姚枢，说他有王佐之才。

在忽必烈建立元朝过程中，姚枢与刘秉忠等人一道，精心设计元朝的政治体制、朝廷机构、典章制度等，发挥了十分重要的作用。

姚枢辅佐忽必烈三十年，先后担任翰林学士承首、昭文殿大学士、太子太师、大司农、中书省左丞相等重要职务，对理学传播以及元朝建立和发展，都做出了卓越贡献。

1280 年，姚枢病逝，享年七十八岁。姚枢后来被追封为鲁国公，谥号"文献"。

元朝也有"苏武"

苏武是西汉大臣，奉命出使匈奴，被扣留十九年，始终持节不屈，留下了"苏武牧羊"的著名故事。苏武被誉为民族英雄，其爱国精神被历代传颂。

在元朝，有个汉族官员奉命出使南宋，被扣留十六年，始终宁死不降，经历与苏武差不多。这个人的名字，叫郝经。

郝经，泽州陵川（今属山西）人，出身儒学世家。郝经出生于金末乱世，从小跟着父母四处流离，靠父亲教书维持生活，日子过得相当艰难。战乱给郝经幼小的心灵留下痛苦记忆，他十分渴望过上和平生活。

郝经家贫，却很有志向，刻苦读书，十二岁时，就通读了儒学典籍，其学问和品行，得到人们认可。郝经二十多岁时，先后被汉人世侯张柔、贾辅聘为家庭教师，设馆教书。贾辅是元代著名藏书家，建有万卷楼。郝经如饥似渴地博览群书，学问大进。后来，郝经拜理学大师赵复为师，潜心学习理学，成为一代名儒。

忽必烈在金莲川开府，广招天下英才。忽必烈听说了郝经的名声，派人去请，郝经却不肯来。忽必烈不甘心，第二次派使者去请。郝经见忽必烈确有诚心，终于答应了。

忽必烈见到郝经，十分高兴，马上就向他询问经国安民之道。郝经讲了一通儒家学说，并详细阐述了孟子"亲亲而仁民，仁民而爱物"思想，劝忽必烈推行仁义。忽必烈感到很新奇。

郝经主张四海一家、天下一统，但他厌恶战争，反对用武力统一天下，而是希望通过推行儒家思想，用仁义实现统一。因而，郝经反对"华夷之辨"，主张各民族平等，四海之内皆为一家。

在中国大地上，自古以来就存在华夏民族和其他民族，而华夏文明比较先进，影响巨大，所以，不少人视华夏民族为正统，而把其他少数民族通称为夷族。其实，这是中国古代的狭隘民族主义。

在历史上，许多有政治远见的人，都反对狭隘民族主义。唐太宗李世民就曾经说过，四夷之人，乃同枝叶，形同一体。郝经反对"华夷之辨"，他认为四海之内，各民族同为一家，不一定汉人政权就是正统。郝经判定正统的标准是儒家思想，谁按照儒学治理天下，谁就是正统。郝经的观点，自然得到了忽必烈的赞赏，但郝经反对用武力统一天下的主张，却让忽必烈觉得幼稚可笑。

1258年，蒙哥发动大规模伐宋战争，命忽必烈率东路军攻击两淮和荆襄地区。郝经极力反对，他认为应该把精力放在治理北方上，推行仁政，革除弊端，创法立治，选贤任能，发展经济，实现北方大治，然后再靠仁义收服江南，统一天下。忽必烈笑了笑，没有理他。

1259年，蒙哥死于钓鱼城下，西路军返回北方。忽必烈在东线作战顺利，已经渡过长江，包围了鄂州，因而不想立即撤兵。郝经建议说，应该与南宋议和，迅速撤兵，准备回去继承汗位。忽必烈的妻子察必派人送信，说阿里不哥正在筹备登位，让忽必烈急速返回。

南宋负责鄂州保卫战的，是权臣贾似道，他见蒙哥已死，有机可乘，便主动遣使议和。忽必烈正好顺水推舟，撤兵走了。贾似道回到朝廷，大吹大擂，说他指挥有方，打得蒙古军大败而逃。南宋朝廷对贾似道大加褒奖，提升他为宰相。

忽必烈回到北方以后，在刘秉忠等士大夫的建议下，抢先宣布继承汗位，占据了有利态势。阿里不哥不服，兄弟俩打了四年内战。

在此期间，忽必烈的主力部队在漠北作战，他担心南宋趁机在背后捣鬼，便派郝经为使者，南下杭州，与南宋议和。

这个时候，贾似道控制了南宋朝廷，他担心蒙古使者到来，会暴露他在鄂州冒功的劣迹，于是极力阻挠郝经入境。

接近宋境的时候，郝经先派两名官员前去通报，贾似道却把他们杀了。消息传来，随行人员大为恐惧，都劝郝经立即返回，不要去了，否则性命难保。

郝经毫不畏惧，大义凛然说："如此贪生怕死，有辱使命，回去有何颜面见人？"郝经义无反顾，继续前行，进入南宋境内。

贾似道见威胁不起作用，只好命人将郝经一行拘禁在真州（今江苏仪征）。贾似道见郝经是汉人，便派使者前去劝降。

使者对郝经说："你是汉人，又是著名大儒，熟读四书五经，怎么能帮助夷族助纣为虐呢？我朝是正统，尊崇儒学，你不如归顺我朝，既对得起祖宗，又能得到荣华富贵。"

郝经义正词严说："我是汉人，更崇尚儒学。可你们不讲信义，无理扣押使者；你们的皇帝和臣子，没有仁义之心，不管百姓死活，只顾自己骄奢淫逸，哪一点符合儒家之道呢？忽必烈虽然是异族，但四海之内皆为一家，何况他尊崇孔子，推行儒学，施行仁义，所作所为皆符合儒家之道，这才是正统。"

贾似道不死心，又几次派人去劝降，谎称忽必烈兵败身死。郝经并不相信，更没有动摇。

贾似道见郝经不肯投降，十分恼怒，派人假扮强盗，夜里闯进囚所，对郝经进行威胁恫吓，却仍然不起作用。贾似道又采取断绝生活供应等方式进行虐待，企图逼郝经就范。郝经常常几天吃不上饭，身体受到极大摧残，但始终坚贞不屈，过了十六年的囚徒生活。

郝经身为汉人，却宁死不肯投降汉人政权，一心只想效忠蒙古人。苏武在被匈奴扣押期间，曾经有过飞雁传书，而郝经也有类似的故事。

《元史》记载，开封百姓在金明池射落一只大雁，大雁腿上有帛书，帛书上有诗一首："霜落风高恣所如，归期回首是春初。上林天子援弓缴，穷海累臣有帛书。"落款是"国信大使郝经书于真州忠勇军营新馆"。

1275年夏，在元军大举伐宋的时候，郝经终于获救，拖着病体回到了大都。忽必烈对其忠诚大力褒奖，赏赐有加。当年秋天，郝经病逝，享年五十三岁，谥号"文忠"。

郝经与苏武有着类似的经历，不过，苏武誉满天下，其事迹被后世广泛传颂，而郝经却鲜为人知。

朝廷重臣伯颜

忽必烈广揽人才，在他身边，聚集着一批汉族士大夫，也有不少其他民族的人。不过，在忽必烈内心深处，他真正信赖和倚重的，仍然是蒙古人。

汉族臣子大多负责建言献策，掌握实权的不多。真正握有实权的，多数是蒙古大臣，其中最著名的，是蒙古贵族伯颜。

伯颜是蒙古族八邻部人，从他曾祖父开始，就跟随成吉思汗征战四方，因功被封为千户长。伯颜的祖父和父亲，都当过大蒙古国的千户长或断事官一类的高官，属于典型的蒙古贵族。

伯颜生于 1236 年，比忽必烈小二十一岁。伯颜自幼聪慧，学习汉文化，读了不少儒家典籍，尤其喜欢汉人兵书。伯颜长大以后，性格沉稳，谋略过人，待人宽厚，德才出众。

1253 年，伯颜十八岁时，跟随旭烈兀西征，经历战火洗礼，更加增长了才干。在忽必烈与阿里不哥内战的时候，旭烈兀在西亚建立了伊利汗国，伯颜便在伊利汗国任职。

1264 年，旭烈兀派伯颜为使者，到上都拜见忽必烈。忽必烈见伯颜谈吐不凡，见识高远，才能出众，十分喜欢。当时，忽必烈已经获胜，但在兄弟之战中，大多数权贵都倾向阿里不哥，忽必烈身边的蒙古贵族不是很多，于是，忽必烈千方百计把伯颜留了下来，并委以重任。

忽必烈设置金莲川幕府，招揽了大批汉族士大夫，在他们的帮助下，登上了汗位，并打败阿里不哥。伯颜对忽必烈登位没有寸功，却得到了忽必烈的信任和倚重。伯颜先后担任光禄大夫、中书左丞相、中书右丞相、同知枢密院事等重要职务，并执掌军权。

1271 年，忽必烈在刘秉忠等汉族士大夫们的策划下，将大蒙古国改为"大元"，建立了元朝。忽必烈任命伯颜为太傅、录军国重事、知枢密院事。伯颜既管朝政，又管军队，成为元朝重臣，位居宰相之首。

伯颜确有过人的才干，他虑事周全，行事果断，很有智谋，朝廷不管遇到什么难事，伯颜总是有办法解决，而且能使众臣信服。忽必烈对伯颜很满意，大臣们也都服气，说："这才是真正有能耐的宰相啊。"

伯颜汉文化功底深厚，能诗善文，是蒙古族最早运用汉文进行创作的诗人之一。伯颜的诗歌，风格雄健，阔大豪放，气势宏伟，得到汉族士大夫们的称赞。伯颜的诗作，有数首流传后世。伯颜与汉族大臣的关系很好。

1274 年，忽必烈攻占襄阳，打开了伐宋的西大门，随后命伯颜为主帅、汉臣史天泽为副帅，率领二十万元兵，大举进攻南宋。

伯颜兵分三路，自己亲率主力，沿长江东下，连续夺取黄州、蕲州、江州、安庆、池州等地，在丁家洲之战中消灭宋军主力，于1276年到达南宋都城杭州。谢太皇太后携小皇帝投降，南宋基本灭亡。

伯颜只用两年时间，就基本灭掉南宋，夺取宋地三十七府、一百二十八州、七百余县，然后命张弘范等人继续追击歼灭南宋残余势力，自己班师北返。

忽必烈大喜，命百官出城，到郊外迎接，大力赞扬伯颜的功绩。伯颜十分谦虚，把功劳都归于出征的将士们。此后，伯颜从不对人夸耀自己攻灭南宋的功劳，做事十分低调。

忽必烈收复江南，统一了天下，正在得意之际，不料蒙古族内部发生叛乱。窝阔台的孙子海都，联络一些蒙古贵族，攻打忽必烈。忽必烈先派儿子那木罕、阔阔出和右丞相安童率兵平叛，又派侄子昔里吉前去协助。没有想到的是，昔里吉对忽必烈心怀不满，乘人不备，突然发难，拘捕了两个皇子和安童，也造反了。

昔里吉叛乱，朝野震惊。伯颜伐宋刚刚回来，忽必烈急令他率军平叛。伯颜知道事情紧急，没有片刻停留，立即率军出征。

在与叛军交战时，伯颜挑选了一批全军最精锐的勇士，组成敢死队，直插叛军中帐，搅得叛军大乱，溃败而逃。伯颜经过激战，平定了叛乱，解救了两个皇子和安童。

后来，伯颜又率军平定了多起内乱，维护了元政权的稳固和统一，成为元朝的中流砥柱。

忽必烈在临终之时，把伯颜作为顾命大臣，将国事家事都托付于他。伯颜不负重托，遵照忽必烈的遗愿，稳定局势，拥戴忽必烈的孙子铁穆耳登上帝位，避免了元朝动荡和分裂。

1295 年，伯颜病逝，享年五十九岁。伯颜被授予"宣忠佐命开济翊戴功臣"称号，先后追封为淮安王和淮王，谥号"忠武"。

华夷一统大元朝

忽必烈灭掉南宋，统一天下，形成了中国历史上又一个大一统王朝。元朝的突出特点，是华夷一统，并且由夷族掌握统治权。

在中国大地上，华夏民族与其他民族长期共存，既有融合，也有争斗。因此，如何处理各民族之间的关系，就成了一个重大课题。在春秋战国以后，随着"大一统"思想的形成，华夷一统观念逐渐产生，成为处理民族关系的重要指导思想。

华夷一统观念认为，各民族同为一家，四海之内皆兄弟。不过，由于华夏文明比较发达，许多人主张，要用华夏民族的文化、礼仪和制度，去影响和改变夷族，实现由华夏民族统治的大一统。自秦汉以来的历代王朝，都是由汉族统治着，而元朝首次打破了这种格局，蒙古族成了天下的统治者。

元朝是一个民族庞杂繁多的王朝，多达数十上百个，远远多于前边任何一个王朝。在元代，除了原有的民族以外，还通过几次西征，使大批色目人涌入，形成了新的民族。忽必烈想把众多民族纳入自己的统治之下，自然接受了华夷一统观念，此后逐渐形成了中华一体概念。

在元朝诸多民族当中，汉族在发展水平、文明程度、人口数量等方面，仍然占有优势。因此，元朝的统治者虽然是蒙古人，但不得不重视并推行汉文化，尊崇儒家学说，后来的元仁宗、元英宗，甚至还搞过汉化运动。元朝把儒家的程朱理学作为官方的统治思想。

在许多书籍文章当中，都说元朝实行民族歧视政策，把民众分为蒙古人、色目人、汉人、南人四个等级，各等级的人待遇不同。可是，作为正史的《元史》和《新元史》，均没有这方面的记载，在其他史书当中，也没有发现元代四等人制的法令和史料。《元史》等史籍，记载了元朝三品以上的高官八百六十四名，其中汉族官员四百零九名，几乎占到一半，表明汉族士大夫的地位还是挺高的。

最早提出元朝四等人制的，是清末民初的学者屠寄，他写了一部《蒙兀儿史记》，说元朝把人分为四等，后来人们纷纷引用，几乎成为公论。不过，也有不少学者质疑。

元朝有没有四等人制存在争议，但蒙古人享有特权，却有实据。《元典章》规定，犯盗窃罪的，一般要在臂或脖子上刺字，而蒙古人除外；蒙古人杀死汉人，杖刑五十，赔死者家属银子；而汉人杀死蒙古人，则要判死刑。由此可见，元朝确实存在着民族歧视和不平等现象。

笔者在读《元史》《新元史》时发现，元朝前中期的皇帝，都已经高度汉化，他们崇尚儒学，推行汉化，民族歧视不是很严重。到了后期，蒙古贵族保守派发动政变，刺杀了推行汉化的元英宗，扶立不懂汉文化的泰定帝上台，并实行民族歧视政策，极力维护蒙古贵族的利益，对汉人的歧视便十分严重了。

元朝不仅民族众多，疆域也空前辽阔，东起日本海，西至天山，南抵南海，北到贝加尔湖，面积一千三百多万平方公里。另外，元朝名义上还有钦察汗国、察合台汗国、窝阔台汗国、伊利汗国以及高丽、缅甸、安南、占城等藩属国。这些国家都相对独立，除去它们，元朝仍然是中国历史上国土面积最大的王朝。

蒙古族历来实行分封制，凡抢掠的土地、人口，都分给子孙和有功人员。如今元朝得到如此大的地盘，再搞分封明显不行了，在汉族士大夫的建议下，忽必烈实行了中央集权制度。忽必烈按照汉族统治者的模式，建立了强有力的中央政权，设置百官，并不断加强和巩固皇权，把大权都集中到皇帝手中。

元朝幅员辽阔，各地情况不同，忽必烈把燕京、河北、山东、山西等富饶邻近的地方，作为京畿地区，由中央直接管辖，在其他地方设立了岭北、辽阳、甘肃、陕西、河南、湖广、江浙、江西等十个行省，省以下设路、府、州、县，分别任命官员进行管理。另外，在吐蕃、大理等边远地区，主要依靠当地上层人物进行管理，形成了土司制度。

忽必烈依靠武力，获得广阔的万里江山。然而，打天下比较容易，只要有强大的兵力就能做到，而治天下就困难多了，需要进行综合治理。元朝建立以后，面临许多矛盾和问题，治理天下十分困难。

一是缺乏治国理政的能力和优秀人才。忽必烈虽然雄才大略，但治理一个庞大而复杂的王朝，还是有些力不从心。辅佐他建立元朝的汉族士大夫们，多数都是儒学大家，但实际理政能力欠缺。忽必烈信任和倚重的蒙古官员，更是没有治理天下的经验和水平。

二是蒙古族内部并不稳固。忽必烈改变蒙古族的分封制度，实行中央集权，引起许多蒙古贵族的怨恨和不满，相继发生多起诸王叛乱事件。

三是民族矛盾错综复杂。元朝民族众多，在发展水平、文明程度、宗教信仰、风俗习惯等各个方面，都有相当大的差异。元朝虽然表面上实现了华夷一统，但实际上并没有把各民族真正凝聚起来，民族政策也有一些问题，尤其在后期，致使民族矛盾尖锐复杂。

四是对南方统治不力。中国北方长期在辽、金、蒙统治之下，人们已经习惯了夷族统治，因而北方的士大夫们大多依附于元朝。可是，南方在宋朝统治下长达三百多年，民众对夷族统治十分抵触，士大夫们也多数不与元朝合作。元朝没有采取有效的政策措施，反而对南人提防歧视，致使南方反抗不断。在元末农民大起义中，很多是在南方爆发的。

五是经济发展缓慢。蒙古人是游牧民族，不熟悉农耕，元朝建立以后，虽然也采取了一些发展经济的措施，但并不得力，效果也不明显。忽必烈建立了庞大的中央机构和官僚队伍，却很快出现了财政危机。忽必烈先后任用回族人阿合马、畏兀儿人桑哥等理财官员，他们不是采取发展经济、培植财源的方法，而是加重税赋，横征暴敛，导致民怨四起，社会动荡不安，也妨碍了经济发展。

因此，元朝这个华夷一统的大王朝，虽然看上去十分庞大，但从它建立那天起，就矛盾重重，危机四伏。所以，元朝与其他大一统王朝不同，它始终没有出现过治世，也没有起伏，而是一路下行，逐步走向崩溃和灭亡。

蒙古诸王叛乱

忽必烈在争夺汗位、与阿里不哥内战的时候，蒙古贵族支持他的不是很多。忽必烈建立元朝、实行中央集权制度，又触犯了蒙古贵族的利益。因此，蒙古诸王不断发生叛乱，其中海都叛乱长达三十余年，影响广泛，史称海都之乱。

海都是窝阔台的孙子，聪明能干而又狡诈。成吉思汗把窝阔台指定为继承人，并且说，只要窝阔台家族有一个吃奶的后代，就比其他人有优先继承权。可是，拖雷家族的蒙哥串通宗王贵族，夺取了汗位，窝阔台家族对此十分怨恨。

蒙哥死后，他的弟弟忽必烈和阿里不哥为争汗位起了内讧。海都幸灾乐祸，他支持阿里不哥，希望战争打得越大越好。忽必烈打败阿里不哥以后，宽大为怀，没有追究海都，还封他为王。可是，海都依然对忽必烈怀恨在心，他暗地里联络一些宗王贵族，积蓄力量，准备对抗忽必烈。

1268 年，海都联络钦察汗国、察合台汗国和一些宗王贵族，召开联盟大会，指责忽必烈被汉族同化，背叛了蒙古，宣布出征讨伐。海都在会上被推举为盟主。

宗王联合出兵，势力也不小，曾经一度攻占了都城和林。忽必烈先后派儿子那木罕、伯颜等人为将，率军讨伐海都。海都的联军人心不齐，难以协调一致，被元军打败。海都便率领自己的部队，与元军开展游击战，直到忽必烈病逝，也没有将海都消灭。

忽必烈死后，海都纠集了四十多个宗王，再次兴兵攻打元朝，被继位的元成宗击败。1301 年，海都在一次战斗中受伤而死，坚持三十余年的海都之乱终被平息。

在平定海都叛乱过程中，忽必烈曾派侄子昔里吉协助那木罕平叛。昔里吉是蒙哥第四子，在忽必烈与阿里不哥内战时，蒙哥的儿子们全都支持阿里不哥，昔里吉也不例外。阿里不哥失败后，昔里吉表示归顺忽必烈，忽必烈封他为河平王。

可是，昔里吉仍然对忽必烈不满，趁此出兵之际，突然发难，拘捕了忽必烈儿子那木罕、阔阔出和右丞相安童等人，响应海都，也举兵叛乱了。昔里吉叛乱震惊了朝廷，两个皇子被拘，平叛元军面临崩散的危险。

忽必烈闻讯大惊，急忙派出他最得力的大将伯颜主持平叛。伯颜有勇有谋，在军中又有崇高威信，很快稳定了军心，组织兵力，击溃了昔里吉叛军。之后，元军通过数年征战，平定了昔里吉叛乱，解救了那木罕、阔阔出、安童等人。昔里吉被擒后，流放致死。

在海都、昔里吉叛乱的时候，贵由的儿子禾忽也趁机叛乱，叛军控制了河西走廊，严重影响了元朝对西北地区的统治。忽必烈从南方调来军队，攻打河西，平定了禾忽叛乱。

西北诸王纷纷叛乱，北方的宗王也不甘落后，辽东的乃颜公开举兵，反对忽必烈，元朝北部也燃起了战火。

乃颜是成吉思汗的幼弟铁木哥斡赤斤的玄孙，他继承了祖上的爵位和封地，在辽东为王，称霸一方。忽必烈建立元朝以后，实行中央集权制度，限制地方势力，引起一些宗王不满。乃颜野心勃勃，又急躁轻率，于是产生了反心。

忽必烈得到密报，与伯颜商议。因乃颜谋反证据不足，伯颜自请前去观察动向，并进行安抚。伯颜临行时，带了许多上好的皮衣，沿途送给驿站的官员，驿站官员无不感激称谢。

伯颜到了乃颜营地后，见乃颜态度傲慢，反心十分明显。伯颜以好言相劝，根本无济于事，而且感到杀机四伏。伯颜察觉到危险，当机立断，不辞而别，乘快马连夜潜逃，乃颜立即派兵追杀。伯颜每到一处驿站，驿站官员总是拿最好的马给他换骑，追兵始终没有追上。

1287 年，乃颜联合一批北方宗王，举兵十万，公开叛乱，准备南下攻打忽必烈。可是，忽必烈早已有了准备，做好了部署，并决定亲自御驾出征，一举击垮北方诸王的势力。

忽必烈调集大军，兵分两路，一路由蒙将玉昔帖木儿率领，一路由汉将李庭率领。两路大军从上都出发，日夜兼程，直扑辽东。乃颜没想到忽必烈已有准备，更没想到元军来得这么快，仓促应战，屡战屡败，不到半年，就被消灭了。乃颜被擒，忽必烈下令将其处死。此战以后，北方宗王的势力大为削弱，只得接受朝廷设置的行省节制。

忽必烈具有非凡的军事才能，面对诸王叛乱，他沉着应对，指挥有方，将叛乱一一平定，维护了元朝的稳固和统一。

海外用兵受挫

忽必烈有打天下的能力，更有称霸天下的野心。他打败弟弟阿里不哥，赢得汗位，然后建立元朝，灭掉南宋，平定诸王叛乱，一切都顺风顺水。

忽必烈的征服欲望更加强烈，又把目光盯向海外，频繁发动对外战争。可没有想到的是，忽必烈对外用兵屡遭挫折，几乎全部以失败而告终。

中国历史上有个惯例，每当新君登基的时候，都要告谕四周邻国，邻国应该遣使祝贺。忽必烈当了皇帝以后，也照例行事。高丽、安南（越南古称）等国都表示祝贺，并称臣纳贡，可日本国却不买账，不予理睬。忽必烈十分恼怒，一个海岛小国，竟敢藐视天朝大国，必须教训它一下。

1274 年，忽必烈命蒙将忻都、汉将刘复亨、高丽将领洪茶丘，率领由蒙人、汉人、高丽人组成的三万余元军，乘兵船九百艘，从高丽的合浦港出发，向东攻击日本。

元军顺利登陆，攻占了对马岛，接着向九州岛进军。日本国多是山地，元军不擅长山地作战，进展迟缓。面对元军入侵，日军奋起抵抗，战事十分激烈，汉将刘复亨也受了伤。在日军顽强抵抗下，元军不能突破九州岛崎岖的地形，进入九州腹地。恰在这时，刮起了台风，风雨大作，掀翻了元军两百多艘兵船，许多将士葬身大海，元军意外遭受了重大损失。忻都见难以取胜，只得下令撤兵，第一次伐日无功而返。

日本击退元军以后，信心大增，遂在沿海一带修筑堡垒，加强防御，并两次杀害忽必烈派来的使者杜世忠、何文著等人。忽必烈大怒，积极筹划第二次伐日。

1281年，元朝第二次攻打日本。忽必烈接受了上次兵少的教训，组织了十几万兵力，兵分两路。一路由忻都、洪茶丘为主将，率领由蒙古人和高丽人组成的军队四万余人，仍然从高丽出发；一路由汉人范文虎为主将，率领十万汉军，乘三千五百艘战船，从庆元（今浙江宁波）出发。范文虎带领的十万汉军，主要由南宋投降元朝的军队所组成。

两路大军夹击日本，声势浩大，一举夺取壹岐岛，然后向九州进发。日军并不屈服，而且已有准备，开展大举反攻，把大部分元军又赶回了船上。

当天夜里，不可思议的一幕发生了。海上又起台风，而且比第一次台风更加猛烈。狂风呼啸，海浪滔天，摧毁了元军大部分船只。忻都、范文虎只带少数人侥幸逃脱，其余十几万元军沉入海底，葬身鱼腹。

日本人大喜，举国欢庆，广泛开展拜神活动，认为是神风将入侵者毁灭。从此，日本对神风顶礼膜拜，在二战中组织了许多"神风特攻队"。

忽必烈两次伐日失败，固然有意外原因，但即便没有台风，伐日胜算也不大。因为两次伐日动用的兵力，蒙古兵很少，多数是高丽人和南宋投降的部队，战斗意志和士气普遍不高。

忽必烈两次伐日没有成功，并且遭受重大损失，但他的称霸之心仍然不减，后来又两次远征安南，结果仍然遭受挫折。

安南是越南古称，在今越南北部，自秦朝开始属于中国领土，在唐代设立了安南都护府，所以被称为安南。在五代十国混乱的时候，安南开始独立，但长期属于中国的藩属国。

忽必烈称帝时，安南国王遣使祝贺，称臣纳贡，忽必烈比较满意。后来，忽必烈为了控制安南，设立了安南宣慰司，不断插手安南事务，双方产生了矛盾。安南国王没有经过元朝批准，自己立了继承人，引起忽必烈极大不满。

1281 年，忽必烈以安南"不请命而自立"为由，予以谴责，并宣布由安南宗室陈遗爱为安南国王。安南当然不服，杀了陈遗爱，与元朝矛盾逐渐激化。

　　1284 年，忽必烈命右丞相唆都、第九子脱欢为主将，率兵攻打安南，汉人士兵仍占多数。唆都是元朝名将，久经沙场，在攻取占城中立有大功。可是，安南早有防备，凭借有利地形，顽强抗击元军。

　　安南军队采取灵活战术，集中兵力打击汉人军队。汉人军队本来战斗力就差，又对元灭南宋心怀不满，没有斗志，因而一触即溃，严重影响了元军士气。脱欢又中了敌人的美人计，屡吃败仗。元军作战不利，唆都引兵撤退，不料中了埋伏，死于混战之中。元军主将被杀，军心涣散，只得无功而返。

　　1287 年，忽必烈调集江浙、湖广、江西三行省的军队，号称五十万人，由蒙将奥鲁赤、乌马儿和汉将张文虎等人率领，第二次大举攻打安南。这一次，忽必烈似乎志在必得，让军队带着安南宗室陈益稷，打算征服安南以后，让陈益稷当安南国王。

　　元军人多势众，声势浩大，可多数是南宋投降元朝的部队，战斗力并不强。安南人知道元军的情况，心生一计，令士兵穿上宋朝的服装，与元军作战。元军中的蒙古兵见了，皆大惑不解，认为是南宋势力又起；而汉人士兵见了，同病相怜，皆无心作战，都一哄而散了。

　　安南境内山地众多，林木茂盛，安南军队凭坚据守，元军进展不大。进入夏季以后，天气炎热，酷暑难忍，蚊虫肆虐，瘟疫流行，大批元军死亡，士气低落，难以再战。安南军趁机发动反攻，元军伤亡惨重，主将乌马儿等人被俘。元军不得已撤兵北返，再次以失败而告终。

　　忽必烈不甘心，于 1293 年又一次攻打安南。元军出兵不久，忽必烈死了，只得撤兵而回。就这样，元朝始终没有征服弱小的安南。

　　许多人怀有疑问，蒙古铁骑天下无敌，为何对付不了一个小小的安南？其实，原因很简单，攻打安南的元军，不是昔日横扫欧洲的蒙古铁骑，而大多数是士气不高的汉人军队。另外，再加上地形不利、水土不服、疾病流行等原因，所以，元军始终不能取胜。

忽必烈频频对海外用兵，除了能够满足他的称霸野心外，并没有多大的战略意义。因此，学术界有一种观点，认为忽必烈是在借刀杀人，借外敌消灭南宋的投降力量。

在忽必烈灭宋战争中，不少南宋军队投降。忽必烈对他们并不放心，可又不能全部杀掉，于是采取了借刀杀人之计，把他们驱赶到海外战场上，依靠外部力量把他们消灭。

江南反抗迭起

忽必烈频繁发动对外战争，使无数的汉人将士死于海外战场，有人说这是忽必烈在借刀杀人。不管这种说法是否准确，但江南民众不服蒙古人的统治，反抗此起彼伏，却是真的。

由于南宋朝廷腐败，忽必烈只用数年时间，就灭掉了南宋。可是，灭掉一个政权容易，要想收服民心，可就难了。南方民众在宋朝统治下生活了三百多年，正统观念根深蒂固，对夷族统治有很强的抵触情绪；南方经济发达，儒学盛行，对北方的粗犷文化和习惯难以接受；南方与北方在社会结构、经济发展、文明程度、道德伦理、生活习惯等各个方面，都存在较大差异。因此，在江南民众的心里，并不服从元朝的统治，绝大多数士大夫们，都采取了不与元朝合作的态度。

在这种情况下，忽必烈没有采取积极有效的措施，反而对南方实行提防和歧视政策，把南人视为最低一等人群，给予不公平待遇；江南富裕，元朝加重税赋，大肆掠抢江南财富，搞得南方民不聊生；忽必烈对海外用兵，需要大量水手，就在江南水乡强行征召，民众不堪重负。忽必烈的政策失误，加重了江南民众负担，加剧了矛盾，更加激发了江南民众的反抗情绪。因此，江南反抗迭起，给元朝统治造成很大冲击。

1280年，在南宋灭亡的第二年，福建漳州农民陈钓眼聚众起义，反抗元朝。陈钓眼个性刚烈，胆大气豪，曾参加文天祥的军队，与元军作战。陈钓眼义旗一举，很快聚集五万多人，攻占了漳州城，自称为"镇闽开国大王"。

元朝朝廷震惊，派蒙将完者都率军镇压。起义军敌不过如狼似虎的蒙古兵，浴血奋战一年之后，全军覆没，陈钓眼被杀。

1283 年，原南宋官员林桂芳在广东组织起义，大批民众参加。起义军活动在广东新会一带，建立了罗平国，年号延康。后来，起义军被元军镇压，林桂芳牺牲。

1283 年，南宋降将黄华在福建起兵反元。黄华原是南宋将领，归降了元朝，被授予建宁路管军总管职务。他看到江南民众深受元朝之害，许多降元将士死于海外战场，十分愤慨，毅然举兵造反，公开打出恢复宋朝的旗号。

黄华有勇有谋，队伍发展到十几万人，攻占浦城、崇安等地，势力扩大到江西、浙江一带，威震东南半壁江山。

朝廷大为惊恐，急忙调集福建、江西、江淮等四个行省的兵力进行围剿。黄华率军退入山区，坚持斗争五年之久，最终兵败，黄华自焚。

1284 年，广东人欧南喜聚众十万，起兵反元，攻城略地，声势浩大。元朝派兵镇压，却被起义军打败，生擒元将合剌普华。后来，起义军攻打广州失利，部队溃散，欧南喜被杀。

1287 年，钟明亮在福建汀州举行起义，很快聚集十万余人。元朝派大批军队围攻，钟明亮采取流动作战的方式，不与元军硬碰，而是打游击战，活跃于福建、江西、广东三省边界地区。元军围追堵截，疲于奔命，却始终不能消灭起义军，直到两年后，钟明亮病逝，起义才被平息。

1288 年，浙江宁海人杨镇龙举兵反元。杨镇龙是当地大户，祖上世代为官。杨镇龙不甘忍受元朝压迫，散尽家产，招兵买马，打造兵器，树起了反元大旗。

杨镇龙很快聚众一万多人，一举攻下宁海、象山两个县城，然后挥兵西进，攻克天台，进入东阳县。杨镇龙在东阳县的玉山上建立了根据地，作为长久之计。

玉山地势高峻险要，是藏龙卧虎之处，兵家必争之地，历史上的起义者，据此地的为数不少。杨镇龙凭借险峻地形，多次打败前来围剿的元军。天下豪杰纷纷投奔玉山。

一年以后，杨镇龙的起义军发展到十二万人，而且组织严密，人才济济。杨镇龙为了扩大影响，号召天下，建立了"大兴国"，登基称帝，任命了丞相和文武百官。

杨镇龙建立"大兴国"以后，传檄各地，号召民众起来反元，然后兵分两路，攻击元朝。一路由丞相李森带领，攻克了义乌、永康等县；另一路由杨镇龙亲自率领，席卷新昌、嵊县、余姚、上虞、绍兴等地。

忽必烈震惊，三次召集大臣商议，决定派出数十万精锐的蒙古军队，由著名大将忙兀带、不鲁失海牙、月的迷失等人率领，全力镇压起义军。

杨镇龙率起义军与元军浴血奋战长达九年，于1297年失败。杨镇龙下落不明。

南方的起义烽火持续燃烧，有史料记载，仅在1283年一年间，江南民众的大小起义就达二百余起，到1289年，更是猛增到四百余起。在元朝统治时期，南方的起义几乎没有间断过。

忽必烈在对外用兵的时候，多数使用汉人的军队，而在镇压南方起义过程中，多数使用的是蒙古兵。

南方起义虽然被镇压下去了，但体现了江南民众英勇不屈的反抗精神。起义沉重打击了元朝统治者，使得元朝对南方的统治始终不够稳固，最终酿成了规模浩大的元末农民大起义，葬送了大元王朝。

孙子接了爷爷班

1294 年，开创大元王朝的忽必烈病逝，享年七十九岁，谥号圣德神功文武皇帝，被称为元世祖。

忽必烈是蒙古族杰出的政治家、军事家，后世对他的评价总体上是不错的。忽必烈最大的功绩，是将分裂的中国重新统一起来，形成了一个多民族的大一统王朝。

中国历史总是在分裂、统一、再分裂、再统一过程中向前发展的。宋朝结束了五代十国分裂割据局面，统一了中国，可在靖康之难以后，又出现了南北分裂对峙的局面，时间长达一百五十多年。

忽必烈依靠强大的兵力，灭掉南宋，使中国再次归于统一，而且将疆域拓展到历史最大。忽必烈对此功不可没，得到后世公认，连灭掉元朝的朱元璋都赞叹忽必烈的统一天下之功。

忽必烈出自塞外游牧民族，却接受了汉文化和儒家思想，比较重视中原农业的恢复和发展，使长期形成的农耕文明和汉文化得到保护和延续。这是忽必烈又一个重大功绩，也得到人们公认。

忽必烈在多年征战当中，对一些地方造成严重破坏，给当地民众带来浩劫，尤其是他征服欲望强烈，在统一全国之后，仍然不断对外用兵，穷兵黩武，这是他的错误和缺陷。另外，他在统治天下、治理庞大王朝方面，存在一些失误和不足，这是他的历史局限性。

忽必烈经过几十年浴血奋战，打造了一个庞大的王朝。可是，忽必烈驾崩以后，大元王朝怎样发展，谁来继承他的事业呢？

蒙古人的继承方法与汉人有很大不同，父母的遗产往往由最小的儿子继承；大汗虽然可以指定继承人，但需由宗王贵族会议确定，而且不一定是长子继位。

忽必烈建立元朝以后，按照汉族统治者的模式建立政权和各项制度。汉族士大夫们建议，采用汉族立嫡立长的继承制度，及早确定皇位继承人。忽必烈接受了，在建立元朝不久，就立嫡长子真金为皇太子。

真金是察必皇后的长子，生于1243年，当太子时已经三十岁了。真金自幼聪慧，忽必烈十分疼爱，悉心培养，先后让名儒姚枢、窦默、许衡等人做他的老师。真金从小学习汉文化，熟读四书五经，已经高度汉化了。

真金长大以后，忽必烈让他参与朝政，培养他的治国能力。当时，对忽必烈有着很大影响的汉臣刘秉忠、史天泽、赵璧等人相继去世，忽必烈重用回族人阿合马理财。阿合马为了解决朝廷财政困难问题，加重税赋，大肆搜刮民财，而且贪污受贿，因而与汉族大臣产生了尖锐矛盾。真金坚定地站在汉族大臣一边，支持汉臣王著等人将阿合马刺杀。

真金崇尚以儒家思想治国，他儒学功底深厚，胸有谋略，对父母十分孝顺，得到朝野一致好评。忽必烈对他十分满意，寄予厚望。

不料，天不假年，1286年，真金不幸病逝，时年四十三岁。忽必烈悲痛欲绝，从此身体逐渐垮了下来。

忽必烈有十多个儿子，有几个已经病亡，剩下的儿子那木罕、阔阔出、脱欢等人蠢蠢欲动，都希望自己能成为皇太子。可是，那木罕、阔阔出曾经当过俘虏，脱欢在征安南时中了敌人的美人计，打了败仗。几个儿子都有污点，所以，忽必烈一个也看不上，长时间没有再立皇太子。

真金有三个儿子，长子甘麻剌、次子答剌麻八剌、三子铁穆耳，都已经成年，并且受其父影响，从小学习汉文化，都十分优秀，忽必烈便想从皇孙中挑选继承人。

忽必烈经过仔细考察和反复思考，选中了次皇孙答剌麻八剌。答剌麻八剌生于1264年，有勇有谋，颇有其父之风，忽必烈打算立他为继承人。不料天不遂愿，没等忽必烈册封，答剌麻八剌忽然得病死了，年仅二十九岁。忽必烈又一次遭到沉重打击，不久患病，身体越来越差。

忽必烈无奈，只好打算让三皇孙铁穆耳接班。铁穆耳比答剌麻八剌小一岁，为人敦厚，文武双全。其实，皇长孙甘麻剌也很优秀，被封为晋王，率军驻守漠北草原，可不知道为什么，忽必烈始终没有选中他。

1293 年，忽必烈命铁穆耳率军镇守和林，掌管北方军务，派著名大将玉昔帖木儿协助他。玉昔帖木儿是成吉思汗"四杰"之首博尔术的孙子，是忽必烈最信任的大臣之一。

在铁穆耳出发之时，忽必烈将真金的皇太子印玺授给他，表明了传位于他的意图。铁穆耳大喜过望，他为人谨慎，此后便戒了酒，以确保不出任何差错。

1294 年，忽必烈病重，他把最倚重的大臣伯颜召来，把国事家事全都托付给他，嘱咐他要拥立铁穆耳继位。忽必烈还把这一意图，告诉了真金的妻子、铁穆耳的母亲阔阔真。

伯颜与阔阔真商议，迅速将铁穆耳召回，准备继位。忽必烈病逝以后，皇长孙甘麻剌从漠北赶了回来，皇子那木罕、阔阔出、脱欢等人也齐聚京都。他们都是来奔丧的，但暗地里皆有觊觎皇位之意。

按照蒙古旧习，大汗死后，在新大汗没有产生之前，由皇后摄政。忽必烈的第一任皇后察必已死多年，此时的皇后是南必。可是，忽必烈临终前打破了这个惯例，由伯颜主持军国大事，没让南必摄政。

伯颜与玉昔帖木儿、阔阔真等人，日夜密谋大事，而丞相完泽、不忽木等人皆不得参与，大概他们是不赞成由铁穆耳继位的。完泽等人十分不满，但伯颜大权在握，他们无可奈何。

忽必烈去世三个月之后，伯颜等人做好了一切准备，便在上都召开宗王贵族会议，忽必烈的子孙、蒙古宗王贵族和大臣们全都参加，共同推举新皇帝人选。

据《元史·伯颜传》记载，会议气氛十分紧张。伯颜手按宝剑，立于堂下，慷慨陈词，宣布忽必烈遗命，极力主张由铁穆耳继位。伯颜主持朝政，又执掌兵权，权势无人能及，而且功勋卓著，威望甚高，特别是有忽必烈遗命，事先又做了一些工作，所以得到了多数与会者支持。

可是，甘麻剌和他的支持者并不甘心。甘麻剌也有优势，他是皇长孙，身份有利，当时三十二岁，年富力强，特别是他长期统领军队，先是镇守大理，后又驻守漠北，南征北战，屡立战功，手下也有不少拥护者。于是，有人提议由甘麻剌继位。

当时，最为难的是阔阔真，甘麻剌和铁穆耳都是她的亲生儿子，手心手背都是肉。阔阔真想了个办法，提议让兄弟二人当众背诵祖训，获胜者继位。

甘麻剌文才比不上铁穆耳，又有口吃的毛病，自然败下阵来，结果铁穆耳获胜。甘麻剌只好又回到漠北草原，八年后病逝。甘麻剌没有当上皇帝，可后来他的儿子也孙铁木儿却坐收渔利，轻松登上帝位，被称为泰定帝。

忽必烈的儿子那木罕、阔阔出、脱欢等人，虽有觊觎皇位之心，但由于畏惧伯颜，又无势力，也只得附和拥立侄子为帝，没敢有其他举动。

由于伯颜具有无人能及的权势，在他的主导下，元朝顺利实现了皇位交替，避免了可能会发生的分裂和混乱，伯颜又为元朝立下大功。伯颜在完成元朝皇位交替的第二年，就患病去世了。

铁穆耳如愿以偿接了爷爷班，成为元朝第二任皇帝，是为元成宗。

元成宗守业有成

1294 年，元成宗铁穆耳继承了爷爷忽必烈的皇位，成为元朝第二任皇帝。元成宗在位十三年，他没有很大的作为，但守住了爷爷开创的基业，也没有出现大的问题，被后世称为守成之君。

元成宗在登基的时候，就颁发诏令说，世祖功勋盖世，先朝制度完美，唯有遵循世祖之法，才能保持国家稳定。这体现了元成宗的守成思想和治国纲领。

元成宗令汉臣王恽总结历代守成君主的事迹，写成了《守成事鉴》十五篇。元成宗很感兴趣，认真阅读，作为借鉴，决心效法。

元成宗守成政治的最大特点，是"以安静为治"。忽必烈制定的政治体制、官僚机构和各项制度，均不做改动；忽必烈时期形成的政策法令和一些做法，依然坚持；元成宗不出台大的行政举措，一切以安静为要。元成宗以守成治国，有点无为而治的味道。

在人事方面，元成宗同样不做大的调整，除了对伯颜、玉昔帖木儿等有功人员加官晋爵外，其他官员仍旧担任原职。丞相完泽、不忽木等人虽然对他登位不够积极，元成宗也没有撤换，照样让他们主理朝政。元成宗的做法，安定了人心，稳定了政局，效果不错。

元成宗强调守成治国，但并不是墨守成规，无所作为，在具体政策上，还是有一些积极变化，最明显的，是逐步改善了对南方的统治方法，采取了比较温和的措施。

江南是忽必烈最晚占领的地区，南方民众对元朝怀有抵触情绪，因而反抗不断。忽必烈对南方采取了提防和歧视政策，特别是加重税赋，横征暴敛，加剧了矛盾。

元成宗在登基当年，就下诏免除江淮以南各州县一半的夏税，以后又多次下诏减免税赋，以示抚恤。元成宗对江南的税赋做了较大调整，减少了十分之三，后来，又在这个基础上，再减十分之二。此举大大减轻了江南民众负担，使矛盾有所缓和。

元成宗从小接受儒家思想，崇尚儒家学说。元成宗即位不久，就下诏祭祀孔子，推行儒学。他在大都建立了孔子庙，创办了国子学，招收学生，学习儒家典籍，同时提高儒生的社会地位。

元成宗封孔子为"大成至圣文宣王"，进一步提高孔子的地位。孔子在生前地位不高，在他死后，随着儒学的兴盛，其尊号越来越高。在唐之前，孔子的封号一般是公，唐朝以后升为王。唐玄宗封孔子为"文宣王"，宋真宗加了"至圣"两个字，成了"至圣文宣王"，而元成宗又在前边加了"大成"二字，使孔子的地位达到一个新的高度。

元成宗最大的功绩，是平定了持续多年的海都之乱，稳定了西北地区。海都自1268年发动叛乱以来，长期与元朝对抗，忽必烈多次派兵击败海都，但始终没有将他彻底消灭。海都在西北地区开展游击战，是一个很大的不稳定因素。

忽必烈死的时候，海都趁机纠集四十多个宗王，再次攻打元朝。元成宗派兵将其击退，海都率部逃到漠北，继续与元朝为敌。

1299年，元成宗决定彻底消灭海都势力，命侄子海山为主将，调集漠北精锐部队，五路合击，对海都势力穷追猛打，于1301年将其消灭。为祸多年的西北地区叛乱，终于被元成宗平息了。

灭掉海都以后，元朝威名大振，元成宗趁机向钦察汗国、察合台汗国等遣使通好。这几个汗国与元朝同出一源，都表示尊元朝为宗主国，但仍然是独立的政权。此后，西北地区稳定下来。

元成宗最大的失误，是远征兰纳失败。元成宗并不好战，他刚即位时，就叫停了征伐安南的战争。后来，有大臣建议再伐日本，也被元成宗拒绝。可是，由于兰纳主动挑衅，大臣刘深请战，元成宗便决定派兵征讨。

兰纳，是泰国境内的一个王国，也叫八百媳妇国。在忽必烈时期，曾经征讨过兰纳，但没有成功。后来，兰纳不断侵扰元朝边界，云南行省左丞刘深请求讨伐，元成宗同意了。

1301 年，刘深率两万元军，远征兰纳，结果出奇地不顺利。刘深率军走到贵州，因水土不服，死了不少士兵。刘深令当地土司供应军需物资，由于态度蛮横，激怒了土司。土司们联合起来，将元军打得大败。元军还没有到达兰纳，在半路上就损兵折将，无功而返，成为笑柄。元成宗大怒，将刘深处死，征伐兰纳便不了了之了。

元成宗虽然没有像爷爷那样建立丰功伟绩，但作为守成之君，对于元朝的稳定和发展，还是做出了积极贡献。

1307 年，元成宗患病去世，享年四十二岁。元成宗没有儿子，他的侄子海山继承了皇位，是为元武宗。

元武宗与元成宗不同，他不守成，而是推出一系列改革措施，被称为创治改法之君。

元武宗创治改法

　　1307 年，元武宗海山继承了叔叔元成宗的皇位，成为元朝第三任皇帝。元武宗与守成的元成宗不同，他不因循守旧，而是积极创制改法，推出一系列改革措施。很可惜，元武宗只当了四年皇帝就死了，他的改革措施便戛然而止。

　　海山，1281 年出生，是忽必烈次皇孙答剌麻八剌的嫡长子。答剌麻八剌很受爷爷宠爱，他生下两个嫡子以后，忽必烈请道教领袖张宗师（张留孙）为两个曾孙取名。张宗师为两个曾孙取名叫海山、寿山（爱育黎拔力八达），并为他们施法祈祷。后来，海山、寿山果然都当上了皇帝。

　　真金太子死后，忽必烈原想让答剌麻八剌当继承人，可答剌麻八剌早逝，只得让三皇孙铁穆耳接班。忽必烈对答剌麻八剌留下的两个嫡子十分疼爱，从小给予最好的教育，让汉族名儒、著名政治家李孟当他们的老师，学习儒家经典，又让怯薛将军教他们武艺和兵法。因此，海山、寿山兄弟俩长大以后，皆满腹学问，能文能武。

　　元成宗在任期间，很器重两个侄子，任命海山为元帅，统领西北诸军。海山不负重托，剿灭了海都残余势力，稳定了西北地区。此后，海山镇守漠北，为元朝稳定和统一做出了很大贡献，声望很高。元成宗封海山为怀宁王，赐金印。

　　1307 年，元成宗驾崩，因他的儿子早夭，皇位出现空缺。按照制度，皇位继承应出自真金一系，真金三子元成宗绝嗣，长子甘麻剌一支，早已出封漠北，因而最有资格继承皇位的，是次子答剌麻八剌的嫡子海山和寿山。

可是，元成宗的皇后卜鲁罕与海山兄弟的母亲有矛盾，遂与左丞相阿忽台等人密谋，打算拥立元成宗的堂弟阿难答为帝，并秘密召阿难答到大都，参与策划。

卜鲁罕和阿忽台的计划不符合制度，遭到许多宗王和大臣反对。右丞相哈剌哈孙迅速派人到漠北，请海山速来大都，争夺皇位。

面对政局变化，海山有点犹豫。仍在辅佐他的李孟进言，说："阿难答继位，违背了'支子不嗣'的世祖典训，必不得人心。不过，有皇后撑腰，此事若成，你们兄弟必然受害。所以，千万不可犹豫，应火速回京。"海山听从了老师的意见，立即日夜兼程，从漠北返回了大都。

李孟与右丞相哈剌哈孙商议，决定采取先发制人的策略，派兵诛杀了左丞相阿忽台，拘捕了阿难答、卜鲁罕等人，拥戴海山登上帝位，是为元武宗。

元武宗与弟弟寿山关系密切，寿山在帮助哥哥登位中立有大功，因此，元武宗即位后，立寿山为皇太子（实为皇太弟），明确了他皇位继承人身份。同时约定，寿山死后，再由元武宗儿子继位。元武宗还任命李孟为参知政事，参与朝政。

元武宗即位时，元朝貌似强大安定，其实已经矛盾丛生，弊病不少，主要是朝廷财政困难、冗员冗费严重、行政效率低下、贪污腐败问题凸显、经济发展缓慢。在李孟的建议下，元武宗采取了一系列改革措施，试图解决这些矛盾。

当时，元朝的最高行政机构是中书省，中书省的官员大都是忽必烈时期的老臣，元成宗基本没有调整过，因而普遍年龄较大，老气横秋，效率低下。但他们都是元勋功臣，元武宗不好将他们罢免，于是别出心裁，又设立了一个尚书省，分了中书省很多权力。

元武宗选拔大批年轻俊秀进入尚书省，其中多数是自己的亲信，命皇太子寿山负责尚书省。尚书省的权力很大，几乎取代了中书省，成为实际上的中枢机构。尚书省虽然行政效率很高，但却与中书省产生了尖锐矛盾，遭到许多大臣反对，朝廷又出现了新的问题。寿山继位以后，不得已把尚书省撤销了，此后元朝再也没有设立尚书省。

元武宗为了提高行政效率，遏止腐败，大刀阔斧地进行吏治改革。他颁发《省部纲纪》，规范官员的行为；实行封赠制，增强官员的荣誉感；提高官员俸禄，高薪养廉；加大惩罚力度，严厉打击腐败现象；在朝廷设立考功司，对各级官吏的政绩进行考核。这些改革举措大多数是好的，可惜元武宗在位时间太短，没有见到大的成效。

为了解决财政困难问题，元武宗采取了提高盐价、征收酒税、增加富户税赋、改革货币、扩大海运等一系列措施。这些措施有利有弊，同样实施时间不长，没有起到多大作用。

由于元朝统治重心南移，原来的都城和林已经没有大的战略意义，元武宗下诏，取消和林都城地位，改为和林行省，后又改为岭北行省。元武宗又在河北张北一带修建了元中都，作为元上都、元大都的辅助城市。

元武宗尊崇儒学，将《孝经》翻译成蒙古文，刻版摹印，下发全国，诏谕民众实行孝道。元武宗还下诏免除儒生的差役，提高儒生地位。

元武宗也崇尚藏传佛教，修佛寺、做佛事，出台了优待喇嘛的政策，不允许人们对佛教不敬。元武宗还崇尚优待道教，对于为他起名的张宗师，更是尊敬有加，封张宗师为大真人。

在元武宗时期，儒学、佛教、道教都得到较快发展。不过，元武宗却下令禁止了白莲宗。白莲宗是中国佛教净土宗的一个派别，是白莲教的前身。元武宗认为白莲宗不利于他的统治，下诏禁止了。后来，寿山取消了禁令。果然，在元末的时候，白莲教成为反元的急先锋，红巾军起义的领导者韩山童、刘福通、徐寿辉等人，都是白莲教首领或教徒。元武宗挺有远见的。

元武宗在对外关系上，采取了比较温和的政策。与高丽的关系十分密切，封高丽工为沈阳王，与安南的关系得到改善，双方不再为敌；与几个汗国保持友好往来，汗国仍然尊奉元朝为宗主国。

元武宗最受人诟病的改革措施，是实行封赠制，大肆进行封官晋爵。元武宗标榜自己"溥从宽大"，也是为了笼络人心，打破了许多元朝过去的制度规定，封官、封王、赏赐达到前所未有的程度。可是，封赏越多，越容易引发争议，造成混乱。

元武宗不拘旧制，创治改法，出发点是好的，有些也见到了成效。可惜他在位时间太短，寿山继位以后，几乎将改革措施全部推翻。元武宗的改革，在元朝历史上只是昙花一现。

元武宗最大的不良嗜好，是迷恋酒色。蒙古皇帝一般都爱喝酒，但像元武宗一样嗜酒如命的，却不是很多。元武宗经常彻夜痛饮，毫无节制，身边又美女如云，很快耗尽了身体。有大臣劝谏，元武宗一概不听，反而逼着大臣喝酒。

1311 年，只当了四年皇帝的元武宗，因酒色过度，一病不起，丢了性命，年仅三十一岁。

元武宗死后，他的弟弟寿山继位，是为元仁宗。元仁宗又有新的治国之策，他搞起了汉化运动。

元仁宗推行汉化

1311 年，元仁宗寿山继承了兄长元武宗的皇位，成为元朝第四任皇帝。元仁宗与元武宗的治国策略又有不同，他实行以儒治国，大力推行汉化，给元朝带来生机和活力。

元仁宗是元武宗的同母弟，比元武宗小四岁。元仁宗与哥哥一道，从小拜李孟为师，学习儒学。元仁宗聪慧，学习刻苦，学习成绩比哥哥要好。元仁宗通晓儒家经典，理解十分深刻，并且为博大精深的儒家思想所折服。

元武宗在登基的时候，虽然有儿子，但册立弟弟寿山为皇太子，确立了他继承人的身份，因此，元武宗病逝以后，元仁宗顺利继承了皇位。

元仁宗登基以后，命人将儒家典籍译成蒙古文，要求蒙古官员都要学习。元仁宗特别崇尚《大学衍义》，译成蒙文后，赐给每个大臣一部，对臣子们说："治天下，此一书足矣。"《大学衍义》是南宋理学家真德秀撰写的政治哲学类著作，系统阐述了程朱理学思想。

元仁宗还把《贞观政要》《资治通鉴》等书也译成蒙古文，要求大臣们阅读。元仁宗决心效法唐太宗，实行以儒家思想治国，大力推行汉文化，努力开创一个像贞观一样的治世。

元武宗搞创治改法，推行了许多改革措施。凡是改革，总会触犯一些人的利益，产生一些矛盾，特别是元武宗的改革举措，确有许多弊端，引发人们不满。元仁宗即位以后，首先取消了争议最大的尚书省，停止了新发行的货币，停建了元中都，后来陆续将一些改革措施予以废除。在政局稳定之后，元仁宗开始大力推行汉化运动。

元仁宗推行汉化，首先从恢复科举考试制度入手。科举制度始于隋朝，完善于唐宋，是封建时代最公平的人才选拔形式，逐渐成为选拔官吏的主要渠道。金国统治中原的时候，仍然实行科举制度。随着蒙古入侵中原，科举制度在战火中中断。

在窝阔台时期，曾经试图恢复科举，在耶律楚材主持下，举行过一次考试，录用儒生四千多人，优秀者任以官职。可由于政局不稳、战争不断和蒙古贵族的反对，科举考试并没有坚持下去。

忽必烈建立元朝以后，也试图恢复科举制度，为此进行过多次讨论。蒙古贵族们仍然反对，他们极力主张，依然靠承袭制任用官员，以维护自身利益。汉族士大夫们在考试科目、考试内容和评判标准等方面，也存在许多争议。有人主张以程朱理学为标准，但当时尚未形成共识，再加上战争不断等原因，致使科举制度议而未决。

随着社会发展，蒙古贵族的子孙普遍学习汉文化，对科举考试的阻力减少；在许多儒生的推动下，程朱理学逐渐成为主流学派；特别是治理庞大的天下，需要有大批高素质的官员。因此，元仁宗登基以后，在汉族大臣的支持下，下决心恢复科举考试制度。

元仁宗即位的第二年，下发的第一道诏令，就是任命汉族大臣王约为集贤大学士，让他负责筹划恢复科举考试。经过一年多时间的筹备，元仁宗下诏，正式恢复科举考试制度。

1314 年八月，元朝在全国各地设了十七个考场，举行乡试，共录取考生三百人。第二年，被录取的三百考生齐聚京城大都，举行会试，择优录取了一百人。紧接着，这一百名考生又在皇宫举行殿试，由皇帝主考，录取五十六人为进士，确定汉人张起岩、蒙古人护都答儿为左右榜状元。张起岩是山东章丘人，为元朝首届左榜状元，后来官至礼部尚书、参议中书省事。其他录取者都授予不同的官职。

这次科举考试仿唐宋旧制，尊崇程朱理学，意义重大，史称"延祐复科"。延祐是元仁宗的年号。此后，元朝的科举考试制度便延续了一段时间，每三年举行一次，分为乡试、会试、殿试三级，使一批各族优秀人才进入了官僚队伍，为官僚队伍增添了新鲜血液。可在元朝后期，保守派大臣伯颜专权，下令取消了科举制度。

元朝在科举考试中，对蒙古人、色目人有着特殊照顾，蒙古、色目考生的试题难度低，而且少考一场。有人认为，这是民族不平等的表现。其实，蒙古、色目考生在汉文化方面不占优势，予以照顾是可以理解的。

元仁宗在恢复科举制的同时，注重任用汉族大臣，他即位不久，就征召世祖、成宗时期的十几名大儒入朝，参与政事。元仁宗选拔了一批汉臣儒者，担任了朝廷的国学、翰林、秘书、太常等重要官职，这些人为他推行汉化发挥了重要作用。

元仁宗尊崇孔子，推行儒学，他刚一即位，就命大臣刘赓到曲阜，专门祭祀孔子。元仁宗下诏，将历代名儒颜子、曾子、程颢、程颐、司马光、朱熹等人，配享孔子庙廷，还加封孟子。元仁宗重视儒学教育，扩大国子生，在各地兴办学校，培养人才，推广儒家学说。

元朝自建立以来，虽然有些法律规定，但没有形成一个全国性的标准法典，不利于对天下的治理。元仁宗组织人员，汇集了自忽必烈建元以来的历代律令条规，共两千四百多条，形成了《大元通制》。《大元通制》虽不是一部全面性的法典，却是元代法律成熟的标志，是元朝法制史上的里程碑。

元仁宗在经济方面，也积极推行汉化。他重视税赋的作用，曾在江浙、江西、河南等地开展大规模的田亩登记，清查隐漏的田产，增加了国家税收。元仁宗积极发展农业，鼓励开垦荒地，支持农耕，兴修水利，提高粮食生产。

元仁宗推行汉化运动，遭到一些保守的蒙古贵族抵制，因而进展缓慢，也没有全面铺开。元仁宗孝慈恭俭，手段不够强硬，他试图削弱蒙古诸王的特权和实力，但没有成功，留下了后患。元仁宗儿子元英宗继位以后，继续推进汉化改革，却被蒙古贵族刺杀了。

1320 年，元仁宗病逝，年仅三十五岁。元仁宗在位时间不长，只有九年，可他积极推行汉化运动，为元朝注入新的生机，在历史上产生了重要影响。

元英宗实施新政

　　1320 年，元英宗硕德八剌继承了父亲元仁宗的皇位，成为元朝第五任皇帝。元英宗即位时只有十八岁，年轻气盛，雄心勃勃，他继承父亲的事业，坚持以儒治国，继续推行汉化，实施了一系列新政。不料，元英宗遭到蒙古贵族保守势力的仇视，他当皇帝只有三年，就被蒙古贵族刺杀了。

　　硕德八剌生于 1303 年，他不是元仁宗的长子，但却是嫡子，其母是皇后。元仁宗对这个嫡子十分宠爱，一直带在身边，请名儒教他学习。因此，硕德八剌与其父一样，精通并崇尚儒学。

　　元仁宗在继承哥哥元武宗皇位时，曾经有过约定，许诺日后让元武宗的儿子接班。可是，元仁宗太喜欢自己的儿子了，于是违背诺言，打算立硕德八剌为皇太子。

　　硕德八剌在十四岁的时候，被立为皇太子。硕德八剌推辞，说："我年龄太小，能力不足，况且还有兄长在，应该册立兄长，我来辅佐他。"元仁宗没有答应。

　　硕德八剌被立为皇太子以后，元仁宗为了培养他的执政能力，开始让他参与朝政。硕德八剌十七岁时，元仁宗身体不好，下诏由他处理朝政，所有朝廷事务，均先请示硕德八剌，由硕德八剌拿出意见后，再奏报元仁宗。

　　硕德八剌身负重任，兢兢业业，十分勤政，并且对大臣们说："皇上把天下事务都交给了我，我日夜战战兢兢，唯恐出现失误。希望你们不要懈怠，恪尽职守，共同为皇上解忧。"

　　1320 年，元仁宗驾崩，硕德八剌继承帝位，是为元英宗。元英宗年轻，他的祖母答己皇太后干政。答己皇太后权力欲很强，喜欢发号施令，在元仁宗死后第四天，她就擅自做主，恢复了铁木迭儿右丞相职务。

铁木迭儿是忽必烈时期的老臣，后来担任右丞相。铁木迭儿是蒙古贵族保守派的代表人物，他为人狡诈，善施阴谋，又贪财聚货，以权谋私，迫害贤臣，被元仁宗罢免。可没想到，元仁宗刚死，答己皇太后便恢复了他的职务。铁木迭儿的复出，给朝廷动乱埋下了祸根。

铁木迭儿复出以后，依仗答己皇太后撑腰，为所欲为，大肆打击迫害从前弹劾过他的大臣，同时结党营私，与铁失、也先铁木儿、失秃儿等贵族结成死党，形成了一个保守派的势力集团。

元英宗对铁木迭儿十分不满，为了与之抗衡，便寻找自己的支持者，看中了一个叫拜住的年轻人。拜住是开国功勋木华黎的后人，其祖父安童，当过忽必烈的丞相，被誉为一代贤相。拜住自幼学习汉文化，爱好儒学，与元英宗志同道合。元英宗越级提拔拜住当了左丞相。

元英宗登基两年之后，答己皇太后和铁木迭儿先后死了。元英宗顿时感到轻松，立即把拜住升为右丞相，并且不再设左丞相，由拜住一人独揽朝政，君臣一心，开始大展身手，推行新政。不过，元英宗当时二十岁，拜住也只有二十四岁，两个年轻人成了大元王朝的最高统治者，有点让人担心。

元英宗已经高度汉化，他崇尚儒学，赞成父亲的汉化运动，坚持以儒家思想治国。元英宗在拜住辅佐下，继续推行汉化，实施一系列新政，而且力度很大，手段十分强硬。

一是大规模起用汉族儒臣。在短短数月之间，擢升张珪为平章政事，参与朝政；吴元珪、王约、韩从益、赵居信、吴澄、王结等一大批名儒，被提拔到重要岗位。整个朝廷，几乎被汉人名儒所主宰。这样，行政效率和朝廷风气固然为之一新，但却引起蒙古贵族的极大不满。

二是大规模裁撤机构和冗官。元英宗大刀阔斧，裁减了中央和地方六十多个用处不大的机构，罢免了一批冗官庸官，大大减少了朝廷开支，提高了行政效率，但许多被裁的官员心怀怨恨。

三是严厉惩处腐败。铁木迭儿虽然已死，但他贪赃枉法的罪行被揭露出来，并且涉及他许多亲属。元英宗下令，将铁木迭儿的儿子八里吉思处死，另一个儿子锁南被罢官。一大批贪官受到处罚，人们拍手称快，但也有人恨之入骨。

四是推行"津助赋役法"。元朝赋税沉重，劳役繁多，民众不堪重负，特别是税赋不公，地主豪强受益，百姓怨声载道。元英宗下诏，改革税赋劳役办法，减轻民众负担，而且比较公平合理。百姓们叫好，豪强地主却十分抵触。

五是减少南粮北运。南方比较富裕，元朝过去长期将南方的粮食调运北方，致使江南民众负担很重。元英宗下令，每年减少调粮二十万石。

六是大力推行儒学，各地大兴学校，扩大学生数量。继续实行科举制度，推举贤能，选拔人才。

七是在全国颁行《大元通制》。《大元通制》在元仁宗时期形成，但没有颁行。元英宗下诏，将《大元通制》颁行天下，要求人们遵守，并作为法治的依据。

元英宗是元朝很有作为的皇帝，他只有二十多岁，血气方刚，不惧权贵，在一年多时间内，雷厉风行推出一系列新政，朝野震惊，天下震动。

然而，元英宗、拜住毕竟太年轻了，缺乏斗争经验，也缺少必要的防范，他们不知道，受到打压的蒙古贵族保守势力，正在磨刀霍霍。

南坡之变英宗被杀

1323 年，正当元英宗雄心勃勃推进新政的时候，不料突然在南坡店被刺杀，成为元朝历史上第一个被谋杀的皇帝，史称南坡之变。南坡之变影响极大，改变了元朝发展走向，元朝从此陷入混乱和衰落。

在元英宗实施新政过程中，蒙古贵族保守派遭到沉重打击，也激起了他们的仇恨，于是便勾结起来，阴谋发动政变，刺杀元英宗。

阴谋发动政变的主谋，是蒙古贵族铁失。铁失为人狡诈而凶狠，他为了升官发财，很早就投靠了铁木迭儿，拜铁木迭儿为干爹。果然，铁失官运亨通，不久当上了御史大夫，成为朝廷重臣，并且执掌皇帝侍卫亲军兵权。铁失有权有势，帮助铁木迭儿做了不少坏事，成为铁木迭儿的心腹和忠实走狗。

铁失还有一个重要身份，他的妹妹速哥八剌，是元英宗的皇后。速哥八剌美丽聪慧，善写诗文，深受元英宗宠爱。因此，元英宗在清除铁木迭儿势力的时候，并没有对大舅哥下手。铁失看风使舵，表面上对元英宗大表忠心，获得元英宗信任，没有调整他的官职，铁失依然掌管侍卫亲军。

可是，铁失却在心里对元英宗十分仇恨，他利用蒙古贵族的不满情绪，与铁木迭儿的残余势力秘密勾结，阴谋发动政变，推翻元英宗的统治。

当时，阴谋发动政变的主谋，还有知枢密院事也先铁木儿。也先铁木儿是蒙古贵族、淇阳王赤察儿的第五子，主管朝廷军事。另外，参与阴谋活动的，还有大司农失秃儿、前平章政事赤斤铁木儿、枢密副使阿散、铁木迭儿之子锁南等人，共计十六人，其中五个是宗王。

他们都对元英宗推行新政十分仇恨。

铁失等人密谋好了以后，派人去漠北，拜见晋王也孙铁木儿，告诉他政变以后，打算拥立他当皇帝。也孙铁木儿是真金长子甘麻剌的儿子，也有继承皇位的资格。也孙铁木儿自然乐意，但担心政变不成，牵连自己，便把铁失派来的使者囚禁起来，给自己留了一条后路。

铁失等人密谋的时间不短，活动十分频繁，可惜，元英宗丝毫没有察觉，更没有防范。元英宗做梦也没有想到，一场杀身之祸正在悄悄降临。

1323年春，随着天气转热，一年一度的皇帝避暑活动开始了。元英宗按照惯例，从大都北上，到上都避暑。右丞相拜住，照例跟随皇帝，以便随时开展政务活动。铁失作为侍卫亲军统领，自然率军护驾。铁失等人的计划，正是想利用皇帝避暑的机会动手，因此，也先铁木儿、失秃儿、赤斤铁木儿、阿散等同党，也都一同随行。

经过两个多月路程，元英宗一行到达上都。元英宗首先去拜祭成吉思汗、忽必烈遗衣，感叹良久，思念祖宗创业之艰难，决心不遗余力推进新政，实现大治之愿。元英宗和拜住在上都并没有闲着，而是日夜谋划，发布了一道又一道实施新政的命令。利益受到损害的贵族们愈加恼怒，杀害元英宗的愿望更加强烈。

到了八月，过了酷暑季节，元英宗开始返回了。元英宗从上都动身，南返大都，皇帝一行走得慢，走了三十多里地，到达南坡店的时候，天色已晚，便安营休息。

南坡店是个小村镇，人烟稀少，更没有防御工事。元英宗、拜住等人各自搭帐篷就寝，防备也很松懈。

铁失等人见是个好机会，决定就在这里下手，并做了周密部署和分工。也先铁木儿、失秃儿、赤斤铁木儿、阿散等人，各自带领亲信士兵，准备分头袭杀皇帝贴身侍卫和有关人员。

到了半夜时分，夜深人静，行动开始了，叛乱人员分组悄悄扑向各自的目标。由于没有防范，许多人在睡梦中就被杀死。丞相拜住正在熟睡，一伙人干掉侍卫，将拜住杀死在床上。

铁失负责解决元英宗，他带领手下亲信将领秃满、孛罗、兀鲁思不花和一群士兵，直扑元英宗大帐。元英宗的侍卫见有人行刺，奋起抵御，但寡不敌众，全部战死。

元英宗被惊醒，赶紧起床，一伙人已经闯了进来。元英宗定睛一看，为首的竟然是他的大舅哥，立刻怒不可遏，厉声呵斥："你竟敢做大逆不道之事，况且你还是皇亲，真是无情无义的禽兽之人！"

铁失也怒目而视，说："你被汉人同化，背叛祖宗，背叛我族，才是大逆不道。今天就是你的死期。"

铁失说着，疾步向前，挥刀砍向元英宗，元英宗顿时倒在血泊之中。元英宗拼着最后一丝力气，怒骂道："你必定不得好死！"元英宗被残忍杀害，年仅二十一岁。

铁失一伙刺杀元英宗得逞，立刻兵分两路，一路由也先铁木儿带着皇帝玉玺，迅速北上，迎接也孙铁木儿登基；一路由铁失带领众人，急速赶回大都。

铁失等人返回大都，收缴了百官官印，控制了朝廷，并杀害元英宗的亲属和亲信大臣。速哥八剌皇后没有跟随元英宗去避暑，不过，她在大都同样遭到贵族们的毒手。铁失连亲妹妹也不放过。

蒙古贵族保守派政变成功，朝野一片惊慌，混乱不堪。那么，这混乱的局势怎样收场呢？

泰定帝坐收渔利

1323 年，元英宗在南坡之变中被杀害，地处漠北的晋王也孙铁木儿渔翁得利，轻松登基，成为元朝第六任皇帝。不过，他被视为自立的非法君主，死后没有得到庙号和谥号，后世只得以其第一个年号，称他为泰定帝。

泰定帝的父亲叫甘麻剌，是真金太子的长子、忽必烈的长孙。甘麻剌率军南征北战，立有军功，真金太子死后，本来他最有资格继承皇位。可忽必烈不喜欢他，想立次皇孙答剌麻八剌为皇太孙，不料答剌麻八剌早死，忽必烈又让三皇孙铁穆耳继承了皇位，甘麻剌则被封为晋王，远迁到漠北。铁穆耳死后无子，由答剌麻八剌的儿子海山、寿山先后继位，甘麻剌作为长孙，却始终与皇位无缘。

泰定帝于 1293 年生于漠北，从小在漠北草原长大，后来继承了父亲的晋王爵位。漠北是蒙古族的大本营，汉人很少，泰定帝不熟悉汉文化，是元朝皇帝中汉化程度最低的一个。漠北与中原路途遥远，来往不多，泰定帝在漠北草原，过着相对封闭的游牧生活。

铁失等人阴谋政变的时候，商议事后由谁当皇帝。当时，铁穆耳一支已经绝嗣，也不可能再让答剌麻八剌这一支的人当皇帝，唯有甘麻剌这一支的人合适。于是，铁失派使者去漠北，将这一情况告知泰定帝，表示愿意拥戴他登基。

泰定帝属于长子一系，却始终不能继承皇位，本来就怨恨在心，如今见有良机，自然满心欢喜。可是，泰定帝为人谨慎，又不了解朝廷内部的情况，担心如果政变不成，会惹祸上身，于是想了个万全之策。

泰定帝扣押了铁失派去的使者，又派亲信别烈迷失慢吞吞地去给元英宗报信邀功。泰定帝是做了两手准备，如果政变成功，他就登基称帝；万一政变不成，他扣押了使者，又派人报警，也是有功劳的。别烈迷失不慌不忙地去报信，还没走到，元英宗就被刺杀了。

铁失等人政变成功，派人带着皇帝玉玺，去漠北迎接泰定帝去大都当皇帝。泰定帝大喜，可是，他没有贸然去大都，而是在漠北宣布登位。

泰定帝向天下颁布了即位诏书，即位诏书强调了其嫡系长孙的地位，盛赞了祖父、父亲的功绩，以显示继位的合法性。泰定帝还下发诏令，表彰铁失等人维护蒙古族利益的功绩，对他们加官晋爵。铁失一伙兴高采烈，得意扬扬。

泰定帝见局势稳定，没有什么危险了，便率领数万军队南下，到了大都，正式当了皇帝。可是，泰定帝到都城以后，看到的、听到的却是另外一种情况。

铁失等人使用暴力手段弑君，这在大蒙古国以及元朝历史上还是第一次，绝大多数人都十分愤慨，包括许多蒙古贵族也不能容忍，他们纷纷向泰定帝进言，要求严惩犯上作乱者。

汉族大臣们语言更是犀利，说铁失一伙大逆不道，穷凶极恶，他们今天能够杀害元英宗，明天也能刺杀别的皇帝，邪恶不除，必为后患。这话戳中了泰定帝的软肋。

面对群情激愤，泰定帝翻了脸，下令将铁失等政变骨干全部诛杀，将参与政变阴谋的五个宗王削去爵位，予以流放，铁失一伙的势力被一网打尽。元英宗临死前说得没错，铁失一伙确实没得好死。铁失等人做梦也没有想到，最终竟落得如此下场。

泰定帝一举诛灭乱党，平息了民愤，也得到人们拥护。可是，泰定帝并没有治理天下的能力，甚至连他统治的天下有多大，都不清楚。泰定帝在京城没有根基和势力，他相信和依靠的，大多数是从漠北带来的旧臣，对原来的蒙古贵族和汉人大臣，都保持着警惕，不敢放手使用。

泰定帝从维护蒙古贵族利益出发，对元英宗的新政全部予以推翻。泰定帝一心只想过安稳日子，不想有什么作为，因此，他的两个年号，分别叫泰定、致和。但朝廷弊端不解决，社会是不会安定平和的，反而各种矛盾更加激烈。

泰定帝自幼长在漠北草原，不熟悉汉文化，自然不重用汉人，汉族大臣的地位和作用大大降低。汉臣张珪向泰定帝提出了整顿弊政、裁汰冗官、停止采办珍宝等十条建议，泰定帝一条也不采纳。

后来，泰定帝逐渐感觉到，治理汉人占多数的大元朝，不懂汉文化是不行的，于是也开始尊儒学儒起来。泰定帝在宫中开设经筵，请名儒到宫中讲解儒家经典。不过，泰定帝只是装装样子，并没有学懂弄通，更不会按照儒家思想治理天下。

泰定帝习惯游牧生活，不熟悉农耕，也不懂经济，恰逢此时天灾不断，水灾、旱灾、蝗灾、地震频发，粮食歉收，各地爆发饥荒，人们饥寒交迫，泰定帝束手无策。

元朝自建立以来，一直实行南粮北运，元仁宗、元英宗时期逐步减少，泰定帝时期又大幅增加，创造了元代的最高纪录。江南民众不堪重负，反抗之势又起，云南、四川等地也发生少数民族起义，元朝进入了多事之秋。

泰定帝在任五年，由于他缺乏治国能力，又不喜爱汉文化，致使自元仁宗以来推行的汉化运动和新政夭折，经济社会停滞不前，各种矛盾更加激化和尖锐，大元王朝进入衰落和混乱时期。

1328 年，泰定帝在上都病逝，时年三十六岁。

泰定帝死后，各种矛盾开始爆发，发生了元朝历史上著名的两都之战，大元王朝乱成一团。

两都之战元朝混乱

忽必烈建立元朝以后，又经历了元成宗、元武宗、元仁宗、元英宗四任皇帝。这些皇帝，或者守业有成，或者创治改法、推行汉化、实施新政，保持了元朝六十多年的大体稳定，但并没有出现治世。蒙古贵族保守派发动政变，刺杀了元英宗，扶持尚未汉化的泰定帝上台，改变了元朝发展走向，元朝便开始走下坡路了。

泰定帝即位不久，封四岁的儿子阿速吉八为皇太子，明确了他的继承人身份。泰定帝在位五年，他治理不了一个庞大的元朝，导致矛盾丛生，趋于激烈。

1328年七月，泰定帝在巡游上都时病逝。当时右丞相倒剌沙在上都主政，把持大权。倒剌沙是泰定帝在漠北时期的旧臣，长期担任晋王府内史，深受宠信。

泰定帝登基以后，重用旧臣，让倒剌沙主持朝政。倒剌沙却不会理政，只知道专权跋扈，作威作福，排挤贤良，反对汉化。泰定帝死后，倒剌沙为了专权方便，迟迟不让阿速吉八继位。没有想到，这给了别人一个可以利用的机会。

元武宗的旧臣燕铁木儿见有机可乘，赶紧派人去请元武宗的两个儿子和世㻋、图帖睦尔，打算拥立他们为帝。

元武宗传位给弟弟元仁宗的时候，曾有过约定，将来要元仁宗把皇位传给武宗的儿子，可元仁宗食言，把皇位传给了自己的儿子。元武宗的两个儿子十分不满，后来分别流落到漠北和江南。元武宗系的宗王贵族以及旧臣们，也都愤愤不平。

燕铁木儿从少年时期就跟随元武宗，关系十分密切，后来担任枢密院事，掌握兵权。他见倒剌沙迟迟不立新皇帝，皇位出现空缺，便与元武宗系宗王和旧臣联络，在大都发动政变，囚禁泰定帝的亲信，控制了朝廷，然后分别派人去漠北和江南，请和世㻋、图帖睦尔兄弟回来。

图帖睦尔路途较近，最先回到大都，于是，燕铁木儿等人拥立他登基为帝，是为元文宗。元文宗成为元朝第七位皇帝，时年二十五岁。

在上都的倒剌沙见燕铁木儿等人在大都发动政变，拥立了元武宗的儿子为帝，顿时慌了手脚，于是，匆忙扶立八岁的皇太子阿速吉八登上帝位，是为天顺帝。按时间算，天顺帝是元朝第八位皇帝，不过，他在位时间很短，而且徒有虚名。

这样，元朝同时出现两个皇帝，一个在大都，一个在上都。俗话说，天无二日，国无二君，两都之战不可避免地爆发了。

元朝出现两个皇帝，蒙古贵族和朝廷大臣自然也分成了两派。上都的天顺帝虽然年幼，但似乎属于正统，因而支持他的人多一些。当然，也有不少人在犹豫观望。

倒剌沙仗着人多势众，首先发兵南下，攻击大都。上都军队起初比较顺利，一举攻破居庸关、山海关、古北口等险要关口，进入关内，向南挺进，进逼大都。

大都兵力较少，但燕铁木儿执掌兵权，他紧急征调河南五万兵马来援，又在都城招募新兵万余人。燕铁木儿在大都部署好防御以后，亲自率主力北上，迎战上都军队。

上都军队入关以后，兵分四路，分别攻打通州、檀州（今北京密云一带）、蓟州、涿州等地，企图合围大都。但四路兵马各自为战，缺乏统一指挥，不能协调一致。燕铁木儿具有军事才能，富有谋略，他看准了敌军这一弱点，并不分兵抵御，而是集中优势兵力，力求各个击破。

上都的军队和大都的军队同属于元军，彼此有不少熟人，因而并不想打内战，更不愿意以命相搏，往往是一看对方人多，扭头就跑，跑不掉便投降，所以，战斗并不十分激烈。这有利于燕铁木儿集中优势兵力，逐一击溃敌军。

上都的军队打了败仗，纷纷逃了回去。燕铁木儿乘胜追击，收复了居庸关、古北口等地，向北挺进，进逼上都。形势急转直下，又对元文宗一方有利了。

眼见元文宗占了优势，一些犹豫观望的宗王贵族纷纷倒向元文宗，天顺帝一方的人也不断倒戈。东路蒙古都元帅不花帖木儿、齐王月鲁帖木儿等人公开支持元文宗，并派兵攻打上都。

燕铁木儿、不花帖木儿、月鲁帖木儿等人的军队包围了上都，守城将士皆不愿意拼死抵抗，不少人投降或逃散。倒剌沙见大势已去，只好献上皇帝玉玺投降。为期两个多月的两都之战，以元文宗的胜利而告终。

倒剌沙投降以后，被押至大都，最后仍被处死。那个小皇帝的结局，正史中没有记载，有的史书说被月鲁帖木儿杀了。可怜的天顺帝，只当了两个月挂名皇帝就丧了命，一点也不顺。

两都之战结束了，可是没想到，元文宗与哥哥和世㻋的争斗又开始了。

兄弟相争弟杀兄

两都之战刚刚结束，元武宗的两个儿子又明争暗斗起来，结果，弟弟把哥哥害死了。

元武宗只有两个儿子，长子叫和世㻋，1300 年生；次子叫图帖睦尔，比哥哥小四岁。两人是同父异母的兄弟。

1307 年，元武宗在弟弟寿山协助下登上帝位，作为酬谢，他封寿山为皇太子，并约定，寿山百年之后，传位于和世㻋。

寿山就是元仁宗，他继位以后，却迟迟不肯立和世㻋为继承人，反而封他为周王，让他就藩云南。和世㻋刚一离京，元仁宗就封自己的儿子硕德八剌（元英宗）为皇太子。

和世㻋当时已经十八岁了，自然心中愤愤不平。他走到陕西的时候，元武宗的一帮旧臣赶来，鼓动他造反，夺回皇权，并且已经联络好了陕西将军阿思罕。于是，和世㻋与阿思罕起兵，向东进军，一度到达山西。

朝廷派兵镇压，阿思罕被部下杀害，造反失败了。和世㻋只好向西逃窜，穿越大漠，逃到察合台汗国。此后，他在那里生活了十几年，娶妻生子。

和世㻋的弟弟图帖睦尔，因受哥哥连累，被流放到海南琼州。泰定帝即位以后，把图帖睦尔召回大都，封为怀王。后来，图帖睦尔到建康、江陵等地居住。

1328 年七月，泰定帝病逝于上都。右丞相倒剌沙为了专权，一个多月没有立新君，朝野无不疑惧。元武宗的旧臣燕铁木儿抓住这个机会，联络武宗系的宗王贵族和旧臣们，打算发动政变，拥立元武宗的儿子为帝。

八月初四，燕铁木儿一切准备就绪，召集宗王和百官，说："武皇有圣子二人，仁义孝友，天下归心，是我朝大统之所在，应当迎立为帝，不从者死。"

左丞相朵朵、参知政事王士熙等人反对，燕铁木儿早有准备，把他们捆起来投入监狱，其他人都表示同意。于是，燕铁木儿立即派人，分别到察合台汗国和江陵去请和世㻋、图帖睦尔回来。

八月二十七日，图帖睦尔赶到大都。众人请他登位，图帖睦尔推辞说："大兄年长，德行又高，应该由他君临天下。"

燕铁木儿说："我们另立新君，上都的倒剌沙必不肯善罢甘休，只怕夜长梦多，还是早日登基为好。"

图帖睦尔说："既然这样，我先暂时登位，等大兄到来，我再让位。"于是，图帖睦尔登基称帝，是为元文宗。

倒剌沙得知以后，又惊又怒，随即在上都也立了一个皇帝，然后开始了两都之战。

两都之战结束以后，元文宗遣使北上，迎接兄长和世㻋。察合台汗国路途遥远，这个时候，和世㻋才走到和林一带。漠北草原上的蒙古宗王贵族们反对元仁宗、元英宗的汉化和新政，听说和世㻋回来即位，都十分拥护，许多人跟随南下。

元文宗的使者见到了和世㻋，对他说，弟弟是为了战局的需要，暂时登基，以安人心，现在战争取得胜利，恭迎兄长回来当皇帝。和世㻋对弟弟十分感激。

1329 年初，和世㻋在漠北宗王贵族拥戴下，在和林登基称帝，是为元明宗，成为元朝第九任皇帝。

元文宗听说哥哥在和林登基，派丞相燕铁木儿带着皇帝玉玺，赶到和林，表示祝贺，并请兄长到大都就位。元明宗很感动，遂宣布封弟弟为皇太子。

在燕铁木儿安排和陪同下，元明宗一行从和林启程，动身去大都。元明宗时年三十岁，经历过苦难和流离，如今登上帝位，很想有一番作为。他在返京途中，就开始发表施政训谕，提出自己的治国设想，明显不是等闲之辈。燕铁木儿心里有些不安。

元文宗得知兄长南下，便带领众人，亲自北上迎接。1329年八月初二，兄弟俩在中都（今河北张北一带）相遇了。

这哥俩长期南北分离，已有十多年没见面了，而且都吃了不少苦，相见之下，自然悲喜交加，两人抱头大哭，诉说离别思念之情。在场的人无不感动泣涕，同时为兄弟团聚感到高兴。此后几天，元明宗在中都连续举办宴会，大家开怀痛饮。

谁也没有想到，八月初六，元明宗突然死亡，当皇帝只有一百八十四天。文元宗大哭一场，在起辇谷埋葬了哥哥，然后独自返回，继续当他的皇帝，仍然被称为元文宗。不久，元明宗的皇后八不沙也被无辜杀害。

元明宗是怎么死的，《元史》在《明宗纪》中，只有简略的两个字："暴崩"，可在《顺帝纪》中，明确说是被毒死的。元顺帝是元明宗的儿子，他继位后公开说，元文宗假借让位之名，让哥哥没有怀疑和防备，月鲁不花等人趁机暗下毒手，"使我皇考饮恨上宾"。

《新元史》记载说，元明宗是被毒死的，是燕铁木儿一手策划的阴谋。其他史书也大多记载，元明宗死于谋杀。当时的社会舆论，也是这样认为，所以"海内闻之，靡不切齿"。

著名诗人萨都剌愤而写诗一首："当年铁马游沙漠，万里归来会二龙。周氏君臣空守信，汉家兄弟不相容。只知奉玺传三让，岂料游魂隔九重。天上武皇亦洒泪，世间骨肉可相逢？"萨都剌生活在元文宗时期，对当时情况比较了解。

元文宗大概也知道舆论对他不利，同时受到良心谴责，三年以后就死了。元文宗临终前，不立自己的儿子，坚持让哥哥的儿子继承皇位，以赎其罪。

权臣控制朝廷

元朝前期的皇帝比较强势，能够控制局面，很少出现重臣专权，可到了后期，随着皇位之争激烈，政局动荡，大权逐渐落到权臣手里，加速了元朝崩溃。

元文宗之所以能够当上皇帝，完全是靠着燕铁木儿的功劳。燕铁木儿的儿子唐其势就曾经说过："天下本是我家的天下。"燕铁木儿也觉得，是靠着自己一己之力，才恢复了元武宗一系的皇位，因此恃功自傲，目空一切。

元文宗对燕铁木儿十分感激，任命他为右丞相，知枢密院事，兼统大都督府，掌管侍卫亲军，封为太平王，把所有的政务、军事、兵权都交给了他，对他言听计从。燕铁木儿处于一人之下，万人之上的特殊地位，权倾朝野，挟主自重。

元文宗自幼长于汉地，有较高的文化修养。他在任期间，提倡尊孔，加封孔子父母以及后世名儒，并以儒家礼仪祭祀天地和祖宗；在大都创建奎章阁，后改为宣文阁、学士院，储藏图书，会集名儒，开展研究和学术交流，促进了儒学发展；总结历代帝王之得失，仿唐宋会要体例，编修《经世大典》，并整理保存了大量元代典籍。不过，在治国理政方面，元文宗却没有大的作为，而是由燕铁木儿专权主政。

燕铁木儿在理政方面并不是强项，他只知道独断专行，发号施令，同时骄奢淫逸，大兴土木，致使朝纲混乱，腐败问题严重，各种矛盾日趋尖锐。在此期间，已经发生多起农民起义，一场大动乱正在酝酿之中。

1332 年，元文宗病逝，年仅二十九岁。元文宗为了赎罪，决意将皇位传给哥哥元明宗的长子妥懽帖睦尔。妥懽帖睦尔当时十三岁。

可是，元文宗死后，燕铁木儿觉得妥懽帖睦尔已近成年，不好控制，于是违背元文宗遗愿，另立了元明宗次子懿璘质班为帝。懿璘质班只有七岁，成为元朝第十位皇帝，是为元宁宗。可没有想到，元宁宗命短，只当了五十三天皇帝就死了。

燕铁木儿与元文宗的皇后卜答失里商议，打算让她的儿子燕帖古思登基。燕帖古思是元文宗的次子，当时只有四岁。

卜答失里不愿意违背元文宗让哥哥儿子继位的遗命，又觉得自己儿子太小，因而没有同意，仍然建议由妥懽帖睦尔继承帝位。

燕铁木儿还是不同意让妥懽帖睦尔继位，觉得他年龄已大，除了不好控制以外，还担心他即位后会追究父亲被害之事，于是拖了整整六个月。在此期间，燕铁木儿实际上拥有了皇帝之权。

第二年，燕铁木儿因过度纵欲而死。在卜答失里皇后主持下，终于将妥懽帖睦尔立为皇帝，是为元惠宗，也称元顺帝。元惠宗成为元朝第十一位皇帝，也是最后一个皇帝。

元惠宗年轻，由卜答失里皇后临朝称制。元惠宗封燕铁木儿的女儿答纳失里为皇后，封燕帖古思为皇太子。

元惠宗在登基之初，完全是一个深居皇宫、无所事事的傀儡皇帝，朝廷大权又落到一个名叫伯颜的权臣手里。

伯颜也是元武宗的旧臣，他积极参加燕铁木儿的政变活动，为拥戴元文宗称帝立有大功，被任命为左丞相，地位仅次于燕铁木儿。伯颜还有一个特殊身份，他是卜答失里皇后的情人。在燕铁木儿专权的时候，伯颜表现得十分顺从；燕铁木儿一死，卜答失里称制，伯颜立刻就猖狂起来。

卜答失里皇后对自己的情人自然百般宠信和倚重，任命伯颜为右丞相、上柱国、太师、奎章阁大学士，并执掌侍卫亲军兵权，还被封为秦王。一时间，伯颜权势熏天，独断专行，为所欲为，天下闻名。

燕铁木儿死后，他这一派的势力减弱，伯颜势力兴起。燕铁木儿的儿子唐其势很不甘心，联络一些人，企图发动政变，诛杀伯颜，废掉元惠宗，另立新皇帝。

可是，唐其势自不量力，以他现在的实力和处境，已经做不成这事了。果然，伯颜早有提防，一举粉碎了政变阴谋，将唐其势一伙人全部诛杀，连燕铁木儿女儿、元惠宗皇后答纳失里也被处死。伯颜借此机会，大肆清除燕铁木儿的势力，将其余党一网打尽，伯颜势力一家独大。

伯颜排除掉异己，大量安插亲信，完全把持了朝廷，连皇帝都不放在眼里。这个时候，元惠宗已经逐渐长大，他会怎么办呢？

元惠宗铲除权臣

伯颜犯了一个致命的错误，就是轻视皇帝。在封建社会，皇权至高无上，只要稍微有点能力的皇帝，对付臣子是不成问题的。偏巧元惠宗是一个很有能力的人，伯颜肯定就要倒霉了。

元惠宗的父亲元明宗，本来按约定是要继承皇位的，可元仁宗食言，此事告吹。元明宗咽不下这口气，起兵造反，失败后无奈逃到遥远的察合台汗国，过了十几年寄人篱下的生活。

在此期间，元明宗娶了一位葛逻禄贵族女子迈来迪，生下了长子妥懽帖睦尔，即后来的元惠宗。很不幸，元惠宗刚生下来，母亲就死了。元惠宗从小跟着父亲，在异地他乡过着流离生活，吃了不少苦头。元明宗后来又娶了乃蛮女子八不沙，生下次子懿璘质班。

好不容易熬到父亲继承了皇位，以为苦尽甘来了，不料父亲又被叔叔元文宗毒死。元明宗死后，留下的孤儿寡母就岌岌可危了。果然，八不沙被元文宗皇后卜答失里等人活活烧死，元惠宗则被流放到高丽的大青岛上监禁，不许与外界接触。

大青岛是黄海中的一个小岛，只有十五平方公里，离海岸线十九公里，现在属于韩国管辖。一个只有十多岁的孩子，在这个荒无人烟的小岛上孤独地生活了两年多，身边没有一个亲人，不知道他是怎样活下来的？

后来，有人向元文宗密报，说辽阳宗王企图接走孤岛上的孩子。元文宗赶紧将元惠宗转移，又把他流放到广西静江。当时，广西遥远贫瘠，属于不毛之地。

元惠宗从小历经苦难，十分不幸，但却养成了坚强刚毅、不屈不挠的性格，也使他比其他同龄的孩子要成熟许多。

元文宗死的时候，为了赎罪，想让元惠宗继承皇位，但又受到权臣燕铁木儿阻挠，直到 1333 年，元惠宗才被接回大都，登基为帝。这一次，元惠宗真的是苦尽甘来了。

元惠宗虽然是皇帝，但卜答失里皇后临朝称制，大权在伯颜手里，他只是个挂名的。元惠宗仅有十四岁，却懂得韬光养晦的道理，他事事顺从卜答失里皇后和伯颜，从不擅自过问朝政，表现得十分谦恭，暗地里却在用心观察，发现和培植自己的亲信，耐心等待时机。

这个时期，权臣伯颜一手遮天，特别嚣张，天下人只知道有伯颜，不知道有皇帝。伯颜随意出入卜答失里皇后的寝宫，有时彻夜不出，两人公开私通，搞得朝野尽知，甚至民间流传着"上把君欺，下把民虐，因为有皇后罩着"的歌谣。

伯颜倚仗卜答失里皇后撑腰，大权独揽，为所欲为，顺我者昌，逆我者亡。宗王帖木儿不花和宽彻普化等人得罪了他，被无故削去爵位；宗王彻彻秃曾是伯颜的老主人，对伯颜不够恭敬，伯颜恼怒，安了个罪名，将其全家处死。

伯颜在治国理政上更是随心所欲，大开历史倒车。他反对汉化，仇视汉人，排挤了大批汉族官员，在他执政时期，中书省只剩下了三个汉臣。伯颜抵制汉文化，禁止推广儒学，甚至下令取消了科举考试制度，恢复了蒙古贵族的承袭制，在各方面维护蒙古贵族的利益。

伯颜下发了一系列民族歧视法令，规定蒙古人打汉人，汉人不得还手；汉人不得学习蒙古文；汉人不得拥有兵器，等等。人们经常提到的元朝民族歧视问题，其实很多是在伯颜时期出现的。

伯颜的民族歧视政策，加剧了民族矛盾，引发社会动荡，河南、福建、广东、江西、四川等地相继爆发农民起义。伯颜对起义实行残酷镇压，甚至提议，要将李、赵、张、王、刘五姓的汉人全部杀光。对伯颜这样丧心病狂的主张，连卜答失里皇后都不敢支持。

伯颜的倒行逆施，也引起许多朝廷大臣的不满和反对，包括一些蒙古族官员。伯颜的侄子脱脱，是一位有远见的政治家，当时在朝中任御史大夫。他多次规劝伯父，但毫无效果，脱脱后来站到了反对伯颜的行列。

元惠宗已经逐渐长大，更加成熟，他不动声色，暗地里拉拢了一批朝廷官员，形成了自己的势力。元惠宗见脱脱富有正义感，又有才华，把他也拉了过来。脱脱成了元惠宗的重要谋士和助手。

元惠宗见伯颜越来越不得人心，而且如此胡为乱政，必会危害江山社稷，于是做好了各种准备，就要对他下手了。

而伯颜只知道专权跋扈，并无心计和能力，他丝毫没有意识到危险来临，反而认为自己的权力地位十分牢固，他的命令无人敢不听从。因此，伯颜多次向卜答失里建议，废掉元惠宗，由燕帖古思继位。不过，燕帖古思只有十三岁，卜答失里犹豫不决。

1340年二月的一天，伯颜带人外出打猎。元惠宗见是个好机会，与脱脱等人商议之后，立即召集有关人员，按计划分头行动，拘捕了伯颜的亲信和死党，占据了朝廷重要部门。此时，元惠宗二十一岁，年轻英武，意气风发，他端坐玉德殿指挥，发号施令，颇有大将风度。

伯颜平时只会横行霸道，不会笼络人心，因而他的死党并不多，反对他的人倒不少。时间不长，一切都搞定了，元惠宗控制了局面。

完成部署以后，元惠宗召集朝廷百官，历数伯颜罪状，下发诏令，罢免伯颜的朝中职务，把他贬为河南行省左丞。同时，元惠宗任命了一批新的官员，由脱脱担任右丞相。天子威严，百官皆叩首遵旨，山呼万岁。从此，元惠宗掌握了朝廷大权，成了真正的皇帝。

等到伯颜打猎回来，一切都尘埃落定，死党被拘，众叛亲离，只剩下他孤家寡人了。直到这时，伯颜才知道了元惠宗的厉害，才明白了皇权至高无上的道理。可为时已晚，他只得灰溜溜地去河南上任。

一个多月以后，元惠宗觉得局势稳定，又下了一道诏令，罢免伯颜河南行省左丞职务，将他流放到广东。伯颜又气又恼，走到江西就病死了，终年六十一岁。

元惠宗掌握朝廷大权以后，开始清算父亲元明宗被害之事。其实，元惠宗早就知道父亲是被害死的，多年隐忍不发，直到大权在握，才公开为父报仇。

元惠宗公布了元文宗的罪行，下诏毁掉太庙文宗室；褫夺卜答失里皇后的尊号，不久将她赐死；把燕帖古思流放到高丽，途中将他杀害。

元惠宗完成复仇以后，跑到父亲墓前大哭祭告。

脱脱力挽危局

脱脱是元朝末年著名政治家，是蒙古贵族集团中少有的杰出人才。他帮助元惠宗铲除权臣以后，又主持朝政，锐意图治，力求挽救危局。

脱脱，蒙古族蔑儿乞人，1314年出生在一个显赫的贵族家庭。父亲马札儿台，自元仁宗以来历任要职，当过御史大夫和知枢密院事。伯父伯颜是著名权臣。

脱脱少年时期，生活在元仁宗、元英宗时代，当时盛行汉化，他从小拜吴直方为师。吴直方是浙江浦江人，著名儒学大家，他精心教导脱脱，传授儒学，后来又做脱脱的施政顾问，对脱脱一生产生了重大影响。

蒙古儿童自幼喜欢骑马射箭，不愿意终日坐读诗书，脱脱也不例外。吴直方循循善诱，教导有方，使脱脱很快喜欢上了汉文化。脱脱熟读儒学经典，擅长诗赋文章，书法绘画也很精通，更重要的是，脱脱完全接受了儒家思想，决心按照儒家标准做人。

脱脱十五岁时入朝做官，因学识渊博、品行端正而屡次擢升。伯父伯颜专权的时候，他更是飞黄腾达，不到三十岁就当上了御史大夫。

可是，脱脱却对伯父的治国政策和所作所为十分不满，认为伯颜的倒行逆施，必然会危害江山社稷，也会给家族带来灾祸。因此，脱脱多次劝说伯父，可丝毫没有效果，伯颜反而斥责侄子被汉人同化，脱脱十分苦闷。

元惠宗为了铲除权臣，暗地里培植亲信，他见脱脱虽然是伯颜的侄子，但为人处世截然不同，于是有意与他接近。脱脱比元惠宗大六岁，见皇帝虽然年轻，却沉稳睿智，是个有为君主，也愿意辅佐，两人关系逐渐密切起来。

后来，元惠宗和脱脱都产生了驱逐权臣、夺回大权的想法，时常密谋。可是，伯颜毕竟是自己的伯父，脱脱于心不忍，便与父亲马札儿台商议。马札儿台也觉得伯颜的做法危害甚大，但是否帮助元惠宗铲除他，也是犹豫不决。

脱脱又与老师吴直方商议，吴直方毫不犹豫，态度坚决，说："圣书中有大义灭亲的教导，做臣子的要讲大义，忠臣只知道有朝廷，不知道有家族。"

脱脱又问："如果事情不成功，怎么办呢？"吴直方说："事不成，无非是一死，为大义而死，死得其所。"脱脱豁然开朗，遂下定了协助元惠宗铲除权臣的决心。

1340年二月的一天，伯颜外出打猎，让脱脱随行，脱脱假称有病，没有跟从。伯颜一走，元惠宗等人便在城中举事。脱脱与事先联络好的世杰班、阿鲁等人分头行动，很快控制了京师。元惠宗召集百官，宣布贬黜伯颜，众臣拥护，事情成功了。

大局稳定之后，脱脱坐在城头上，等待伯颜归来。到了晚上，伯颜打猎回来了，却见城门紧闭，不能入内。脱脱在城头高声宣读圣旨，并宣布随从者无罪，有罪的唯伯颜一人。众人听了，一哄而散。

伯颜请求入城，面见皇帝，脱脱不许。伯颜恼怒愤恨，但无可奈何，只得南下而去，不久在流放中病死。

元惠宗任命脱脱为右丞相，主持朝政。脱脱在吴直方协助下，开始施展胸中抱负，他大刀阔斧地废除伯颜旧政，推行了一系列新政，史称"脱脱更化"，也有人叫"以儒术治天下"。

"脱脱更化"的主要内容有：废除伯颜颁布的一些政策法令，尤其取消了民族歧视政策；恢复科举考试制度；平反一批冤假错案；推广儒学，重置宣文阁，重用儒生；开放马禁，允许民间养马；免除百姓拖欠的各种税赋，为农民减负；奖励农耕，发展生产，等等。

脱脱还主持修撰了《宋史》《辽史》《金史》，为史学发展做出了重要贡献。

"脱脱更化"实行了四年,革除了伯颜时期的一些弊病,朝政为之一新,对挽救元朝危局产生了积极作用,脱脱被人们称赞为"贤相"。不过,由于元朝已经积重难返,脱脱不能改变元朝的衰落走势。

1344年,脱脱有病,辞去右丞相职务。不久,马札儿台被人弹劾,获罪流放甘肃,脱脱为照顾父亲,随父同行。父亲病故以后,脱脱回到京师。这时,元惠宗对脱脱信任度降低,只让他负责东宫事务。

在此期间,元惠宗先后任命阿鲁图、别儿怯不花、朵儿只等人为相,这几个人虽不是奸臣,但能力有限,解决不了日益尖锐的社会矛盾,偏巧又发生了严重灾荒,民不聊生,各地起义此起彼伏,元朝危机进一步加剧。

1349年,面对日益严重的社会危机,元惠宗再次任命脱脱为右丞相,希望靠他挽救危局。可是,元朝已经满目疮痍、千疮百孔,脱脱也无力回天了。

由于多年矛盾积累,又遇严重天灾,南方和中原一带正在酝酿大起义。脱脱对这个问题认识不足,认为不会出大事,再加上忙于治理黄河水患,因而没有采取措施,结果爆发了大规模的红巾军起义。

元惠宗十分不满,把脱脱召去,怒斥道:"你说天下无事,如今盗贼蜂起,你有何良策?"脱脱无言以对,汗流浃背。

1352年,起义烽火愈烧愈烈,脱脱无奈,只好亲自率军平乱。脱脱打败了徐州的红巾军,但无法平息遍布各地的起义烽火。

元惠宗对脱脱愈加不满,一些蒙古贵族也借机诋毁诬陷。1355年,元惠宗下诏,将脱脱革职,流放到云南。

这个时候,元惠宗已经由贤明变为昏庸了,他宠信奸臣哈麻。哈麻诡计多端,他与脱脱不和,担心脱脱日后会再次复出,便处心积虑想置脱脱于死地。

哈麻多次向元惠宗进谗言,要求处死脱脱,元惠宗没有答应。哈麻干脆派人给脱脱送去毒酒,假称皇帝圣旨,让脱脱自尽。脱脱无奈,悲愤地饮毒酒而死,年仅四十二岁。

一代大有作为的政治家，竟然死于奸臣之手。脱脱一死，元朝再无起色，很快就灭亡了。

　　奸臣哈麻也没有好下场，罢官以后，被仇家用乱棍打死。

　　脱脱冤死，许多人为他鸣不平。1362年，监察御史张冲等人上书，要求为脱脱平反。元惠宗同意了，下诏恢复脱脱所有的官职爵位，予以平反昭雪。

元惠宗先明后暗

　　1333 年，元惠宗登基称帝。他在位三十七年，实际执政三十年，是元朝历史上在位时间最长的皇帝。元惠宗前期比较贤明，励精图治，但后期却昏聩怠政，宠信奸佞，贪图享乐，致使各种矛盾集中爆发，最终葬送了大元江山。

　　元惠宗是在外地流放时被接到大都，登上皇位的，称帝时只有十四岁。当时，卜答失里皇后称制，伯颜专权，满朝文武都是元文宗时期旧臣，他没有一点势力。元惠宗采取韬光养晦策略，暗中培植亲信，七年之后，一举铲除权臣伯颜，掌握了大权，随后报了父仇。这显示了元惠宗深沉机智的性格和明智的策略。

　　元惠宗亲政以后，励精图治，勤政廉明，选贤任能，尤其是重用脱脱等贤臣，废除伯颜时期旧政，推行一系列新政，对缓解社会矛盾、挽救危局产生了积极作用。

　　元惠宗在精心治国的同时，潜心学习汉文化。元惠宗出身坎坷，小时候没有受到良好教育，也没有接触过汉文化。他在静江流放期间，有幸认识了大圆寺的秋江长老。秋江长老见他聪明伶俐，十分喜欢，教他学习《论语》《孝经》，元惠宗这才开始接受汉文化的启蒙教育。

　　元惠宗对汉文化很感兴趣，他当皇帝以后，本来有很好的学习条件，可权臣伯颜反对汉化，禁止蒙古人学汉文，元惠宗不敢公开学习，只能偷偷地看一些汉文书籍，因而他的汉文化水平不高。

　　元惠宗亲政以后，知道要想治理天下，不懂汉文化是不行的，于是加紧补课。元惠宗恢复了泰定帝制定的经筵制度，请名儒入朝讲学，读四书五经，并练习大字。每天散朝以后，其他人都走了，元惠宗把近臣名儒留下，给他讲儒学典籍。元惠宗听得津津有味，常常到日落西山。

当时讲学的名儒叶衡，曾经留下一首诗："水晶宫殿柳深迷，朝罢千官散马蹄。只有词臣留近侍，经筵长到日轮西。"可见，元惠宗学习儒学是十分认真和刻苦的。

在脱脱主持朝政期间，朝廷井然有序，元惠宗不用很费精力。脱脱辞相之后，继任的几位丞相能力一般，元惠宗只好亲自上阵，直接处理政务。

元惠宗的执政能力还是很强的，他继续推进脱脱制定的各项改革措施，着重抓了廉政建设，颁布实施《至正条格》，对官员的行为做了法律规范。元惠宗下令减少宫廷开支，裁减宫女，派遣朝廷官员到地方上巡视，还诏令各地举荐逸隐之士，广泛选拔人才。元惠宗亲自理政五年，取得一些成效，史称"至正新政"。

元惠宗亲政十余年以后，逐渐失去了亲政初期的锐气，开始变得怠于政务。元惠宗有一大爱好，就是喜欢搞建筑，他堪称这方面的天才，无师自通，搞了不少发明创造，被人称为"鲁班天子"。

元惠宗亲自画图纸建宫殿，让工匠们依图建设。元惠宗还会造龙船，也是亲自绘制样本。龙船设计巧妙，在行船时，龙的头、眼、口、爪、尾皆能动，栩栩如生，令人赞叹。龙船造好以后，元惠宗带着嫔妃下湖游玩，逍遥自在。

元惠宗还精心设计制造了宫漏，宫漏是古代的计时器。元惠宗制造的宫漏体形大，高七尺、宽四尺，分为日、月两宫，构思奇妙，精巧绝伦，实属罕见。明军攻入大都时，缴获了宫漏，献给朱元璋。朱元璋感叹说："把心思用在这方面，岂有不亡国之理？"遂下令将其捣毁。

朱元璋做梦也没有想到，他的后代子孙中，也出了一个爱做木匠活儿的皇帝朱由校。不过，朱由校只是自己动手做一些小玩意儿，而元惠宗搞的是大型的建筑艺术，朱由校与元惠宗相比，可谓是小巫见大巫了。

元惠宗善观天象，而且预测十分准确。有一次，元惠宗夜观天象，见有异常。司天监官员奏报说："根据天象，山东将有大水。"元惠宗说："不对！天象显示，山东将失一大将。"果然，在山东平乱的察罕帖木儿阵亡了。众人皆惊愕，赞元惠宗是神仙。

自脱脱死了以后，元惠宗彻底堕落了，他宠信奸臣，不问政事，声色犬马，吃喝玩乐。元惠宗在宫中修建清宁殿，绕殿又建若干个百花宫，每五天一移宫，尽情享受。

元惠宗迷恋上了密宗，整日在宫中修炼"大喜乐"。"大喜乐"又叫双修法，即男女一块儿修炼。皇帝、大臣、宫女同裸一室，实在不成体统，搞得乌烟瘴气，朝野上下全都厌恶。

元朝矛盾积重难返

忽必烈依靠武力，平定天下，建立了华夷一统的大元朝。他的继任者元成宗、元武宗、元仁宗、元英宗崇尚儒学，推行汉化，保持了元朝数十年的大体稳定，但社会各种矛盾并未得到彻底解决。

1323 年，蒙古贵族保守派发动政变，刺杀了元英宗，保守势力上台，反对汉化，开历史倒车，改变了元朝发展走向。此后元朝宫廷争斗不断，十年换了五个皇帝，权臣专政，朝政混乱，社会动荡，各种矛盾进一步加剧，到元惠宗时期，已经是积重难返，无可化解了。元朝的矛盾和问题，主要有以下几个方面。

一是社会结构复杂。元朝是金国、宋朝社会的继续，蒙古人统一了天下，并没有改变原有的社会结构和阶级关系，反而又增加了新的内容。在社会阶层中，有蒙古统治集团和贵族，有从西方迁入的色目人，有金宋原有的贵族和豪强，有降元以后形成的新贵族，有蒙古普通牧民，有金宋的平民百姓和各类从业人员，还有许多其他民族的民众。他们都属于不同的利益集团，有着不同的利益需求。

元朝社会结构之复杂，利益集团之众多，超过任何一个王朝。元朝统治者没有能力协调各种各样的利益关系，也就不可避免地会产生各种各样的矛盾和问题。

二是不同文化难以融合。元朝地域广大，但大有大的难处。元朝文化繁多，主要有草原游牧文化、中原农耕文化和江南文化。这些地方的文明程度、思想观念、道德标准、风俗习惯各不相同，很难形成一致。所以，凡有作为的元朝皇帝，都积极推广儒学，希望用儒家思想予以协调统一，但难度很大，不是短时间就能见效的，何况中间还有反复，更有蒙古贵族保守派的反对和阻挠。

三是民族矛盾尖锐。元朝民族众多，也超过历代王朝。各民族之间的差异性很大，发展很不平衡。元朝皇帝在民族政策上存在反差，有的推行汉化，有的反对汉化。总体来看，元朝统治者在民族政策方面存在问题，有着歧视和不平等现象，在元朝后期更为严重，导致民族矛盾尖锐，最后成为元朝灭亡的一个重要原因。

四是经济发展缓慢。游牧民族以畜牧为主，经济单一，没有土地制度，也不习惯农耕。元朝成立之初，对中原农业生产造成极大破坏，后来有所恢复和发展，但十分缓慢。元朝经济发展的趋势是：前期由破坏、恢复到发展，中后期则由发展到停滞和衰落。因此，元朝的经济，远比不上唐宋时期。

经济发展缓慢，百姓生活没有保障，如果遇上天灾人祸，人们活不下去，就只能起来造反了。任何一个国家或朝代，不发展经济，是不会长久的。

五是贫富差距悬殊。元朝的贫富差别，自始至终都是相当大的。元朝的统治者，尤其是后期的皇帝，似乎不知道缩小贫富差距的道理和重要性，他们在占领全国过程中，占有了无数的土地，却都分给了皇亲、皇族和功臣们。蒙古贵族占有的土地十分惊人，有的多达十万余顷。一些地主豪强也趁机兼并土地，使得土地都集中到少数人手里。

贵族和豪强们靠着大量土地，过着花天酒地的生活，而广大的人民群众没有土地，或者土地很少，他们只能忍受剥削，租地维持生活，许多人流离失所，卖儿卖女，在死亡线上挣扎。所以，一有社会动荡，饥寒交迫的人们必然会奋起抗争。

六是官僚队伍腐败。元朝是历史上腐败最严重的朝代，元朝统治者很少有搞廉政建设的，蒙古贵族还享有特权，因此，在元朝后期，从朝廷到地方的各级官员，大部分是贪官污吏，他们高高在上，作威作福，欺压百姓，贪赃枉法，贪污受贿。人民群众受着沉重压迫，生活在水深火热之中，不起来造反才怪呢？

除此之外，还有统治集团内部争斗、中央财政困难、通货膨胀等许多问题，这些问题也都长期存在，没有得到有效解决。

这些矛盾和问题，经过几十年的积累，到了元惠宗时期，已经积重难返，元朝病入膏肓，无药可救了。

1344 年以后，中国进入了灾害多发期，中原一带尤为严重。这一时期，旱灾、水灾、蝗灾持续不断，黄河决口，洪水泛滥，瘟疫流行，民众大量死亡，人们背井离乡，饿殍遍野，惨不忍睹。

人们走投无路，只得起来造反，一场规模浩大、轰轰烈烈的农民大起义就要爆发了。

元末农民大起义

　　元朝自建立以来，各种矛盾就错综复杂，后期更为严重，经过数十年积累，终于达到爆发的临界点。在元惠宗时期，全国各地相继爆发起义，起义烽火越烧越旺，最终焚毁了元朝大厦。

　　其实，自从元朝灭掉南宋以来，各式各样的反抗和起义就持续不断，尤其在南方和一些少数民族地区，反抗更为激烈。当时元朝属于新兴力量，正在上升期，蒙古铁骑所向无敌，所以这些反抗和起义先后都被镇压下去了。

　　公开的反抗活动被镇压，但暗地里的反元活动却始终不断。在此后数十年间，白莲教、明教、弥勒教等民间宗教十分活跃，许多人以宗教为掩护，制造舆论，积蓄力量，扩大势力，等待时机。到了元朝后期，随着社会矛盾的积累和元朝统治者的腐败衰落，各种反抗和起义再度兴起。

　　1325年，河南息州发生了赵丑厮、郭菩萨起义，揭开了元末农民起义的序幕。赵丑厮以弥勒教为号召，提出"弥勒佛当有天下"的口号，动员民众起来反抗元朝统治。起义规模不大，很快被平息了。

　　1337年，广东发生朱光卿、聂秀卿起义，以"定光佛出世"号召民众，聚集数千人，占领增城，并建立了大金国，改元赤符。起义历时七个月，最终被朝廷镇压。

　　1338年，彭莹玉、周子旺在袁州（今江西宜春袁州区）起义。彭莹玉是红巾军早期领袖，一生致力于反元，起义后形成较大规模，建立了大周国。后来，彭莹玉与徐寿辉一起，又组织了南方红巾军起义，声势浩大。彭莹玉于1353年牺牲。

这个时候，正是伯颜专权时期。伯颜残暴专横，实行民族歧视政策，压迫汉人，甚至主张把李、赵、张、王、刘五姓汉人全部杀绝，激起各地民众反抗，起义风起云涌，仅在京南一带就多达三百余起。

1351年，规模最大的红巾军起义全面爆发。北方白莲教首领韩山童、刘福通等人，利用元朝修治黄河、民夫不堪重负的机会，公开打出反元旗帜。南方也爆发徐寿辉的红巾军起义，各地民众纷纷响应，很快形成燎原之势。

红巾军声势浩大，分支众多，著名人物郭子兴、朱元璋、陈友谅、明玉珍等人，都属于红巾军。红巾军坚持斗争十几年，大小战斗数百次，对推翻元朝起了决定性作用。

在红巾军队伍里，出了一位出类拔萃的人物，就是朱元璋。朱元璋出身贫寒，当过乞丐和和尚，1352年参加了郭子兴领导的红巾军，因作战骁勇受到赏识，成为郭子兴的得力部将。朱元璋利用红巾军的旗号，发展个人势力，很快形成一支很强的武装力量。

朱元璋胸有谋略，采取"高筑墙、广积粮、缓称王"的正确策略，同时广招人才，一批谋士武将聚集在他的周围。朱元璋后来灭掉其他起义军，统一江南，然后出兵北伐，推翻元朝统治，建立了大明王朝。

在红巾军起义的同时，浙江黄岩人方国珍在浙东起义。方国珍是盐贩出身，因不堪忍受官府压迫，在1348年就聚众起义，后被朝廷招安。1352年，方国珍见红巾军势力大盛，元朝灭亡在即，于是再次起兵反元。方国珍转战于浙东一带，沉重打击了元朝势力，与红巾军遥相呼应。方国珍后来归降了朱元璋。

1353年，江苏人张士诚在泰州举行起义。张士诚也是盐贩出身，为人仗义，在盐民中很有威望。他最初起义时只有十八名盐民，后来势力迅速扩大，转战于江浙一带。张士诚率军攻占高邮、通州、常熟、苏州等地，建立了大周国，定都苏州。张士诚后来被朱元璋灭掉。

南方的红巾军，是由徐寿辉、彭莹玉组织发动的。徐寿辉很有头脑，他根据当时贫富悬殊的社会状况，响亮提出了"摧富益民"口号，得到广大民众拥护，很快发展到百万之众，先后攻占湖北、湖南、江西等大片地区，建国大完（一说大宋），自立为帝。

后来，徐寿辉被部将陈友谅谋杀，陈友谅篡位称帝，改国号为汉。朱元璋剪除江南群雄的时候，与陈友谅大战于鄱阳湖，陈友谅兵败身死。

元末农民大起义遍及全国各地，各族民众有数百万人参加，范围之广，人数之众，声势之浩大，在中国历史上是比较少见的。

元末农民大起义的一个重要特点，是具有宗教背景，尤其在早期的联络、组织、号召和发动过程中，宗教发挥了重要作用。

起义具有宗教色彩

宗教是一种文化现象，也是一些人的精神寄托，在社会生活中起着特殊作用，在封建社会尤为重要。历史上有很多起义，都是以宗教为掩护，著名的黄巾起义，就是通过创建太平道而形成的。元末农民大起义，同样具有浓厚的宗教色彩。

力量最强的红巾军起义，最初是与白莲教、明教、弥勒教等民间宗教结合而发动的，起义的领导者通过宗教形式，进行宣传活动、组织联络，最终形成了起义洪流。起义者头裹红巾，故称红巾军；又因焚香聚众，也被称作"香军"。

在反元斗争中，白莲教起了关键性作用。白莲教是长期流传于民间的一种宗教结社，渊源于佛教的净土宗。净土宗是中国佛教宗派，始于东晋。东晋高僧慧远大师，在庐山的东林寺建立白莲社，提出世风混浊，要靠佛力实现净土，为建立净土宗奠定了基础。后来经过多年发展，到了唐代，形成了《观无量寿经疏》等净土教义，净土宗正式创立。净土宗也叫"莲宗"。

北宋时期，净土宗念佛结社盛行，多称为白莲社或莲社。到了南宋，江苏昆山的僧人茅子元（法名慈照），在净土宗基础上创建了新的教门，称为白莲宗，后叫作白莲教。

白莲教崇奉阿弥陀佛，敬奉祖先，希望实现净土，其教义简单，通俗易懂，符合民众愿望，因而发展很快。白莲教又是一种半僧半俗的团体，教徒不出家、不剃发、不穿僧衣，与平常人一样，故而吸引大批民众纷纷参加。

元朝统治天下的时候，白莲教已经形成较大规模，元朝统治者担心会对他们造成威胁，曾经两次下令禁止。白莲教公开活动受到限制，便转入地下，仍然不断发展，形成了许多秘密团体。

元朝统治者压制白莲教，使得许多教徒对元朝怀有敌意；白莲教徒多数是汉人，他们敬奉祖先，不甘忍受外族压迫；元朝的统治倾向暴力，与净土教义对立，被信徒们视为"邪魔"。因此，许多地方的白莲教组织，都秘密从事反元活动。元朝统治者忽视白莲教的力量，禁止的力度并不大。

元朝后期，统治集团内部争斗激烈，甚至爆发战争。继任的皇帝不熟悉汉文化，统治无方，朝政混乱，社会黑暗，白莲教势力趁机兴盛起来。他们虽然没有全国性的组织，宗派众多，不能协调一致，但教徒却遍布各地，形成了大小不一的团体，多者数千人，少者数百人，成为一种虽然松散却十分庞大的力量。

元朝末期，统治集团腐败衰落，社会矛盾集中爆发，各地起义此起彼伏，白莲教徒便成了反元的急先锋和骨干力量。著名起义领袖彭莹玉、韩山童、刘福通、徐寿辉、明玉珍等人，都是白莲教的首领或信徒。

白莲教对推翻元朝起了重要作用，功不可没。朱元璋建立明朝以后，忌惮白莲教势力，严厉进行禁止，但白莲教仍然不断发展，在明清时期持续活跃，直到封建社会结束，白莲教才逐渐消失。

在反元斗争中，与白莲教同样起着重要作用的，还有明教。明教的正式名称叫摩尼教，又叫牟尼教，是公元 3 世纪波斯人摩尼创立的二元论宗教。

大约在唐朝时候，摩尼教传入中国，吸收了道教等民间信仰，得到较快发展，到宋朝时意译为明教，逐渐形成一股不小的宗教势力。

明教的核心教义认为，世界从一开始，就存在着光明与黑暗的斗争。明教崇尚光明，反对黑暗，战斗性比较强，屡有反政府之举，因而经常用来作为造反的工具。北宋方腊、南宋钟相起义时，都曾经利用明教的势力。

在元末农民大起义中，明教与白莲教联合起来，以"明王出世"号召民众起来造反。韩山童的儿子号称"小明王"，朱元璋建国号为明，都与明教有关。不过，朱元璋在统一天下之后，在禁止白莲教的同时，也取缔了明教，致使明教逐渐衰落消失了。

与白莲教、明教共同反元的，还有弥勒教。弥勒教产生于南北朝时期，由一个叫傅大士的汉人创立。傅大士是浙江义乌人，一生未曾出家，以居士身份修行佛道。

弥勒教主要宣扬"弥勒佛下凡救世"，在元末大起义中，不少团体打着这个旗号，聚众造反。河南赵丑厮、郭菩萨起义，就以"弥勒佛当有天下"为号召，揭开了元末大起义的序幕。

元朝皇帝多数缺乏治国能力，不懂得引导、利用宗教，对宗教基本上采取放任不管的态度，结果宗教被农民起义所利用，形成了强大力量，摧毁了元朝统治，也显示出了宗教的巨大能量。

彭莹玉一生致力反元

　　彭莹玉是南方红巾军的开山始祖，他一生致力于反元事业，较早树立了反元大旗，成为元末农民起义早期的领袖人物之一。

　　彭莹玉，袁州人，出身世代农家。彭莹玉家里很穷，他生下来之后，家里养不活他，父母只好含泪把他"舍与"慈化寺。彭莹玉从小在寺院长大，十岁时正式成为僧人。

　　元朝统治者崇尚武力，不太关心民生。百姓们饥寒交迫，失去生活希望，不少人寄托宗教以求慰藉，致使白莲教盛行。彭莹玉很早就加入了白莲教，后来成为首领。彭莹玉懂得医术，经常为教徒和百姓们免费治病，因而具有很高的威信。

　　彭莹玉痛恨元朝的残暴统治，感慨世道不公，遂产生了推翻元朝的想法。彭莹玉利用传教和行医的机会，广收教徒，宣传反元思想。彭莹玉以"弥勒佛下世，改换乾坤"和"世界光明大同"为号召，鼓动人们起来反抗元朝统治。百姓们踊跃入教，使信徒达到数千人。彭莹玉被尊称为"彭祖师"。

　　1338年，正是权臣伯颜统治时期，伯颜是蒙古贵族保守派首领，他反对汉化，仇视汉人，实行了一系列民族歧视政策，汉人尤其是南方民众受到沉重压迫，百姓怨言沸腾。恰在这时，江西一带发生严重灾荒，粮食歉收，人们食不果腹，生活难以维持。

　　趁此机会，彭莹玉和大弟子周子旺在袁州举行起义。彭莹玉组织了五千名教徒，每人胸背各写一个"佛"字，宣扬弥勒佛来到人间，要改天换地。大批民众响应，纷纷参加起义军。

　　元朝对南方的统治比较薄弱，当地官员对付不了起义军，有的被杀，有的逃窜。起义军很快攻占了袁州及周边地区，建立了政权，号称大周国，推举周子旺为"周王"。彭莹玉起义，给其他地方做了表率，产生了很大影响。

袁州爆发起义，给元朝统治者当头一棒。伯颜又惊又怒，派朝廷大军前去镇压。起义军未经训练，武器简陋，不是元军对手，虽经浴血奋战，但最终失败，周子旺被杀。彭莹玉在信徒们的掩护下，逃到了淮西。

袁州起义虽遭失败，但彭莹玉反元之志毫不动摇，他继续在淮西开展反元活动。后来，彭莹玉又到江西、湖南、湖北一带，招收信徒，传布教义，宣传反元思想。经过十余年不懈努力，彭莹玉积蓄了不小的反元力量。

彭莹玉培养了许多得力弟子，比较出名的有况普天、杨普雄、邹普胜、赵普胜、李普胜等人。他们都是普字辈门徒，后来成为红巾军的重要将领，征战沙场，屡立功劳。有的后来投靠朱元璋，成为明朝开国功臣。

1351年，北方的韩山童、刘福通利用修治黄河、民众不堪重负的机会，聚众造反，起义者头裹红巾，被称为红巾军。红巾军公开打出恢复大宋的旗号，大批民众参加，人数多达数十万，声势浩大，震动中原。

彭莹玉闻之大喜，遂与徐寿辉、邹普胜等人商议，在蕲州举行起义。起义者也头裹红巾，号称红巾军，与韩山童、刘福通遥相呼应。

彭莹玉经过十余年努力，积蓄了很大的反元力量，大批信徒云集，成为起义骨干。南方受元朝压迫很重，反元大旗一举，民众群起响应，使起义军拥有百万之众，声势浩大，威震江南。

起义军攻城略地，占领了湖北、湖南等大片地区，建立政权，国号大完（一说大宋）。彭莹玉一生以反元为己任，不慕权力富贵，他扶持徐寿辉为帝，自己担任了军师。

起义军占领两湖以后，分兵东进，攻打江西、浙江、安徽等地。彭莹玉率弟子赵普胜、李普胜等人，兵渡长江，连克繁昌、铜陵、池州、安庆等地，斩杀江西行省平章星吉，夺取千古名城杭州，又攻占徽州，声威大震。

元朝朝廷大惊，派重兵征讨起义军，战斗十分激烈。经过激战，元军又夺回了杭州、徽州，但起义军仍然控制着芜湖、广德、淳安等地。

1353年，彭莹玉率部攻占了瑞州（今江西高安）。不料，大批元军赶到，包围了瑞州城。起义军由于用兵分散，彭莹玉所带的兵力不多，只好奋力御守。元军让彭莹玉投降，遭到彭莹玉厉声痛骂。

瑞州之战打得十分惨烈，彭莹玉和起义军将士全部战死。元军破城后进行屠城，城中男女老幼全被杀光。

彭莹玉壮烈牺牲，他的部下和弟子们继承他的遗志，继续与元朝浴血奋战。

韩山童发动大起义

在南方白莲教不断发动起义的同时，北方的白莲教也在谋划大规模起义。谋划起义的主要人物，是北方白莲教教主韩山童。

韩山童，栾城（今河北石家庄栾城区）人，出身贫苦，很早就加入了白莲教，后来逐渐成为北方白莲教的教主，手下有数不清的教徒。

韩山童不满元朝统治，利用传教机会，宣扬"明王出世"，主张推翻元朝。经过多年努力，韩山童积蓄了很大的反元力量。

韩山童结识了信奉白莲教的刘福通，两人结为朋友。刘福通是颍州（今安徽阜阳）人，生于一个富裕之家。元朝后期贪官污吏众多，他们不仅欺压穷人，也敲诈勒索富人。刘福通经常受到官员勒索，憋了一肚子气，地方官府又无故毁了他的宅院，刘福通恼怒，遂决心反元。

韩山童与刘福通志同道合，多次密谋，暗地里做了大量准备工作，只是在等待一个最好的时机。

机会很快就出现了。元末吏治腐败，横征暴敛，税额比元初增加了二十倍，苛捐杂税多如牛毛。蒙古贵族和贪官污吏横行霸道，欺压百姓，对民众敲骨吸髓，老百姓普遍感到没有活路了。

偏在这时，天灾不断，尤其是连下暴雨，黄河泛滥成灾，给沿河中下游地区的人民带来巨大灾难。朝廷不得已，只得组织人力修治黄河。可是，由于元朝统治者不会搞经济，致使国家财政连年亏空，根本拿不出钱来。

元朝统治者崇尚武力，干脆派兵强抓民夫，逼着他们修治黄河。

民夫只管饭，没有任何报酬，可是，就连这少得可怜的伙食费，也被监督修河的官员克扣一大半，装入自己腰包。民夫伙食很差，而且吃不饱，挨饿受冻，经常有人在工地上倒地身亡。民夫不堪忍受，议论纷纷，朝廷却派兵镇压。

当时在修河工地上，有十五万民夫，四周却有两万多全副武装的元军在监视，民夫稍有反抗或不从，立刻就被杀死。十余万民夫心中充满了仇恨，随时都会像火山一样迸发出来。

这个时候，中原地区广泛流传着许多民谣，有"穷极江南，富夸塞北""塔儿白，北人是主南是客；塔儿红，南人来做主人翁""天雨线，民起怨，中原地，事必变"，等等。其中，流行最广的，是"石人一只眼，挑动黄河天下反"，几乎妇孺皆知。这些民谣，都是韩山童组织教徒散布的。民谣体现了百姓的不满情绪，道出了民众的心声，为起义做了舆论准备。

1351 年四月，韩山童令人凿一独眼石人，背后刻上"莫道石人一只眼，此物一出天下反"，偷偷埋在黄河底。民夫在修治黄河时，挖出了石人，顿时舆论大哗，群情激奋，人人都有了造反的念头。

韩山童抓住这个机会，以白莲教教主的身份宣称："明王出世，将代替元朝，人民从此便不再受苦受难了。"教主说的话，自然很有分量，教徒们纷纷奔走相告。民夫中有大量白莲教徒，于是群起而反，一场大规模的起义轰轰烈烈地爆发了。

韩山童和刘福通带三千教徒，在颍上县杀黑牛白马，誓告天地，举行起义宣誓，发出了"虎贲三千，直抵幽燕之地；龙飞九五，重开大宋之天"的战斗宣言，立志灭元复宋。韩山童还自称是宋徽宗的八世孙，以此号召民众。

元朝初期，山东军阀李璮发动兵变的时候，也打出恢复宋朝的旗号，可中原民众几乎无人响应，如今却听从韩山童的号召，群起反元，可见数十年间，民心发生了重大变化。其实，老百姓对恢复什么朝代并不看重，他们受够了元朝的欺凌，只要是推翻元朝，他们就会跟着干。

不幸的是，韩山童刚刚发动了起义，元朝就派兵前来镇压。当时起义局面比较混乱，韩山童没有防范，结果被元军重兵包围。韩山童与教徒们奋力死战，但寡不敌众，三千教徒大部分牺牲。韩山童受伤被俘，惨遭杀害，享年约四十岁。

刘福通冲出重围，幸免于难。好在起义已经发动，刘福通接过了韩山童的指挥权。刘福通整顿好起义军，率军攻占了颍州、牛皋等地，打开粮仓，赈济贫民，大批民众纷纷加入起义军，时间不长，人数多达数十万之众。起义军头裹红巾，打着红旗，人称红巾军。数月之内，黄河两岸，两淮之地，到处飘扬着红巾军的旗帜。

韩山童虽然牺牲了，但他点燃的起义烈火，却燃遍中华大地，焚毁了大元王朝。

红巾军威震天下

在元末农民起义中，红巾军是最重要的反元力量。韩元童、刘福通树起反元大旗以后，安徽定远的郭子兴、萧县的芝麻李、南阳的布王三、荆樊的孟海马、蕲州的徐寿辉等人纷纷响应，都打着红巾军的旗号，起义烈火迅速燃遍全国各地。不过，各支红巾军之间并没有隶属关系和统一组织，而是相互独立，各自为政。

当时，刘福通率领的红巾军，是力量最强的一支。这支起义军主要由北方白莲教徒和治河民夫所组成，组织严密，纪律性较强，他们深受压迫，对元朝怀有很深的仇恨，因而战斗力十分强悍。

刘福通率军攻占颍州、牛皋以后，开仓赈民，深受百姓拥护，队伍迅速扩大到数十万人。刘福通率军横扫河南地区，连续攻占罗山、真阳、舞阳、叶县、汝南、光州、信阳等地，连战连捷，威名远扬。

面对声势浩大的红巾军，地方官府根本不是对手，地方官员多数逃窜，跑得慢的就被杀掉。朝廷大惊，急忙派大将赫斯虎赤、巩卜班等人，率三十万元军前去镇压。红巾军毫不畏惧，与元军展开大战，经过浴血奋战，红巾军打败了元军，斩杀大将巩卜班，但自身也遭受很大损失。

趁红巾军疲惫之机，地方武装李思齐勾结元军，从背后偷袭起义军。红巾军正在全力对付元军，没有防备汉人的武装，吃了败仗，只得向东进入安徽境内。

李思齐是罗山（今河南罗山西南）人，汉族，属于地主豪强。在元末大乱时，李思齐也拉起一支队伍，但不是起义反元，而是帮助元朝镇压起义军，以便借机升官。战后，李思齐被元朝任命为罗山县尹，不久升为汝宁知府。李思齐更加卖力，率部与起义军征战河南、陕西一带，最后如愿以偿，当上了行中书省平章政事的高官。

在元末大起义中，凡参加起义者，几乎都是生活在社会底层的穷苦农民，而汉人中的地主豪强，很多都是帮助元朝镇压起义军。所以，元末农民起义并不是单纯的民族矛盾，最主要的还是阶级矛盾，或者说是民族矛盾与阶级矛盾相互交织。

红巾军在安徽和江苏境内获得很大发展，攻占了很多地方，开封以南的邓、许、嵩、洛以及安丰、亳州等地，皆被红巾军占领。红巾军多次打败元军，斩杀元军大将八秃。红巾军势力大盛，达到了高潮。

1355年二月，刘福通在亳州恢复了大宋国号，改元"龙凤"，建都亳州。刘福通扶立韩山童的儿子韩林儿当上皇帝，韩林儿号称小明王。

红巾军建立政权以后，开始三路出兵北伐，意图推翻元朝统治。西路军直趋关中，企图占领关中富庶之地；中路军攻击山西、河北一带，向北直捣元上都；东路军从山东北上，直接攻打元朝都城大都。

在三路北伐大军出发以后，刘福通亲自领兵北上，一举攻占了开封，将都城迁往开封。此时，红巾军势力东至齐鲁，西出潼关，南到闽广，北抵幽燕，威震天下，达到了鼎盛时期。

红巾军的西路军，由李武、崔德等人率领，攻破潼关，占领陕州、虢州、商州等地。元朝命察罕帖木儿、李思齐率军抵御，双方战事激烈。刘福通命李喜喜、白不信等人增援，元朝也派来大批援兵，双方在凤翔展开决战。结果红巾军战败，李喜喜等人只好南下入川，李武、崔德则转入甘肃、宁夏一带，继续坚持斗争。西路军失利，从此一蹶不振。

红巾军的中路军，由关先生、破头潘等人率领，越过太行山，攻破上党，向北进军。不料，元朝已有防备，在闻喜一带设下埋伏。中路军遭到元军伏击，损失惨重。不过，中路军并不气馁，继续顽强北上，最后攻占上都，烧毁了蒙元宫阙，然后转战于辽东一带。但中路军经过长途跋涉，连续作战，势力已衰，对元朝构不成大的威胁了。

红巾军的东路军，由毛贵率领，从山东直攻大都。东路军一路扫荡元军，抵达柳林，离大都不过百余里了。元朝皇帝惊恐万分，急令各路元军增援。东路军遭到大批元军阻击，无法北上，只得撤回山东。毛贵被当地汉人武装赵均用所杀，东路军溃散。

刘福通组织三路大军北伐，但缺乏周密的作战计划和统一协调，兵力分散，各自为政，又没有巩固的根据地，致使北伐没有达到预期目的，红巾军主力遭受重大损失，形势开始发生逆转。

元朝朝廷看出刘福通是最大的威胁，集中全力对付他。元军调集重兵，将开封团团包围。此时，刘福通派出的三路北伐大军已经失利，或远在其他地区，无法回援，开封处于危险之中。

1359年八月，开封在坚守数月之后，终因内无粮草，外无援兵，被元军攻破城池。刘福通和韩林儿率军突围而出，南逃江苏安丰。

刘福通在安丰休整，召集旧部，逐渐又聚集了一些势力，但已经由盛转衰了。趁刘福通的红巾军与元军鏖战之机，其他地方的红巾军势力兴起，其中，朱元璋率领的红巾军逐渐强盛。

与此同时，一些不属于红巾军的起义队伍，也遍布全国各地。江苏人张士诚趁乱拉起了一支武装，势力不断扩大。不过，张士诚后来投降了元朝，反过来与红巾军为敌。

1363年，张士诚突然派兵攻打安丰，刘福通势力尚未恢复，又猝不及防，打了败仗，刘福通不幸阵亡。朱元璋率军支援安丰，将韩林儿救出，把他安置在滁州。

1366年，朱元璋在称帝前夕，派部将廖永忠用船接韩林儿去南京，途中船只沉没，韩林儿溺亡。至此，刘福通的红巾军消亡了。

刘福通的红巾军坚持斗争十几年，足迹遍及大半个中国，历经大小战斗数百次，消灭了大量元军，给元朝统治者造成致命打击，对推翻元朝起了决定性作用。

北方的红巾军失败了，但南方的红巾军依然活跃，继续从事着反元斗争。

徐寿辉摧富益贫

在北方红巾军兴盛的时候，南方的红巾军也十分活跃，其中势力最强的，是湖北徐寿辉的队伍。徐寿辉响亮提出了"摧富益贫"口号，赢得了民心，部队达百万之众，纵横于江南大地。

徐寿辉，蕲州罗田（今属湖北）人，出身贫寒。他长得身材魁伟，相貌非凡，为人正直，很有志向。徐寿辉不甘心长期受穷，便做起了贩卖土布的生意，经常走南闯北，增长了不少见识。

元朝后期，实行民族歧视政策，把江南人列为最低一等，任意欺压和剥削，引起江南人民极大愤慨，因而白莲教活动十分盛行。徐寿辉痛恨元朝统治，便加入了白莲教，由于他见多识广，颇有智谋，为人仗义，得到教徒拥戴，后来成为白莲教的首领。

徐寿辉利用白莲教形式，广泛招收教徒，到处宣传"天下大乱，弥勒佛就要降生"，鼓动人们起来造反，很快拥有了不小的势力。后来，曾在袁州举行起义的彭莹玉来到湖北，继续传布教义，动员民众反元。徐寿辉与彭莹玉志同道合，很快成为朋友，两人常在一起密谋，准备择机举行起义。

1351年，北方韩山童、刘福通举行大规模起义，组成了红巾军，声势浩大，天下震动。徐寿辉、彭莹玉大喜，立即号令教徒，到大别山土峰天堂寨聚集，宣布起义。

起义宣誓之后，数千教徒下山，一举攻占罗田县城，接着又占领了蕲州。起义军打开官府粮仓，救济穷人，发布文告，动员民众起来推翻元朝统治。深受压迫、饥寒交迫的民众纷纷加入起义军，旬日之内，起义队伍达到数万之众。起义者头裹红巾，打着红旗，号称红巾军，以响应北方红巾军起义。

徐寿辉在打出反元大旗的同时，根据自己的切身体会，响亮地提出了"摧富益贫"口号，并且付诸实施。红巾军每到一处，除了没收官府财产以外，还将豪强地主的粮食和物资，分给缺衣少食的穷人，因而得到广大贫苦农民的热烈拥护。大批民众踊跃参加红巾军，后来部队竟达百万之众。

贫富不均，历来是一个严重的社会问题，也是一个容易引发社会动荡的重要因素。孔子曾经说过："不患寡而患不均，不患贫而患不安。"所以，历史上凡有作为的统治者，都十分重视贫富不均问题，力求使贫富差距不要过于悬殊。

可是，元朝统治者似乎不懂得这个道理，更没有采取有效措施，认真解决这一问题，致使元朝贫富不均特别严重，超过任何一个朝代。蒙古贵族和豪强地主霸占着成千上万亩土地，过着花天酒地、穷奢极欲的生活，而大批农民则无立锥之地，饥寒交迫。这是元末农民大起义的一个重要原因。

徐寿辉得到广大贫苦农民的拥护，形成了强大势力，便在蕲水（今湖北浠水）建立政权，国号"天完"（一说为大宋）。徐寿辉被推举为皇帝，彭莹玉为军师，任命倪文俊执掌军权，陈友谅、明玉珍等人为元帅。

徐寿辉建立政权以后，派兵攻打各地。元军正在北方与刘福通的红巾军激战，南方的兵力不足，这给了徐寿辉一个绝好的发展机会。红巾军连续攻占黄冈、汉阳、武昌、安陆、沔阳、衡州等地，占领了湖北、湖南大部分地区。

红巾军士气高涨，接着向江西、安徽、浙江等地进军，驰骋于江南大地。红巾军纪律严明，不淫不杀，每攻占一地，只是把归附的人登名于户籍，并不扰民，因而深得人心。短短数年之内，红巾军控制了湖北、湖南、江西大部分地区，威名远扬。

元朝统治者见徐寿辉的红巾军势力大盛，十分惊恐，调集数省兵力，攻打红巾军，夺回了一些地方，起义领袖彭莹玉战死，红巾军遭受到一些损失。

徐寿辉调整部署，收缩兵力，与元军开展激战，重创了元军，多次取得胜利。徐寿辉派人在故里多云山上建一"无敌碑"，以显示红巾军战无不胜，无敌于天下。

　　当徐寿辉的红巾军势力正盛之时，却突然祸起萧墙。原来，徐寿辉十分信任陈友谅，一手将其提拔为起义军的二把手，没想到陈友谅包藏祸心，他掌握大权以后，野心也膨胀起来，企图控制整个红巾军，达到自己称帝的目的。

　　1360年，陈友谅乘徐寿辉不备，在江州发动叛乱，囚禁了徐寿辉，不久又在采石矶将其杀害。随后，陈友谅篡位称帝，改国号为汉。

　　可是，陈友谅并不能控制整个红巾军，此后，徐寿辉的红巾军分裂成若干部分，各部仍然坚持抗元斗争。

陈友谅弑主称帝

陈友谅，元末群雄之一，农民起义领袖，陈汉政权皇帝。陈友谅骁勇善战，为推翻元朝立有大功。不过，他野心膨胀，杀害农民起义领袖徐寿辉，篡位称帝，在历史上留下抹不掉的污点。

陈友谅，沔阳（今湖北仙桃）人，出身渔家。其祖父原本姓谢，因家贫当了上门女婿，随女方改姓为陈。陈友谅的父亲叫陈普，打鱼为生，育有五子，陈友谅排行第三。

陈友谅家中贫穷，有一卜者见到他家祖坟时说："日后必定富贵。"陈友谅听了，心中暗喜，从此用心读书，同时练习武艺，总想有一天获得富贵，出人头地。

陈友谅长大以后，身体强壮，膂力过人，武艺娴熟，粗通文史，勉强算是能文能武。他为了能够出人头地，想办法到县里当了一名小吏。

元朝后期，对南人实行歧视政策，陈友谅当了多年小吏，并没有出人头地的机会。陈友谅很不甘心，也对现实十分不满，常常感叹世道不公，自己生不逢时，逐渐产生了反元念头。

元末农民起义爆发以后，天下大乱。陈友谅思虑再三，觉得乱世出英雄，说不定是个出头的机会，于是纠集一伙人，也在家乡举行了起义。不过，陈友谅没有名气，起义规模很小。

1355 年，徐寿辉的大将倪文俊攻占了仙桃。倪文俊是武汉黄陂人，也是渔家出身，跟随徐寿辉起义，深得信任。当时，徐寿辉的红巾军已经威震江南，陈友谅便率部归顺了倪文俊。

倪文俊知道陈友谅是渔民出身，自然亲近一些，又见他头脑灵活，有些文化，便留在身边，当了簿书掾。陈友谅逐渐成了倪文俊的亲信。

后来，倪文俊见陈友谅通晓武艺，有勇有谋，便让他当了将军，领兵与元军作战。陈友谅果然不同凡响，在战场上大显身手，多次打败元军，为夺取湖北、湖南等地立下大功。在倪文俊推荐下，徐寿辉封他为元帅。

陈友谅不仅会打仗，而且在笼络人心、治理军队方面也有一套。陈友谅大肆扩充部队，招贤纳士，很快形成了自己的势力。在徐寿辉的红巾军中，陈友谅的势力迅速崛起，成为最强的部队之一，深受徐寿辉器重。

陈友谅的实力增强以后，野心也膨胀起来，他见天下大乱，称王称帝者比比皆是，便不甘心只在徐寿辉手下为帅，总想实现年轻时就有的出人头地的梦想。陈友谅当时驻军黄冈，黄冈是红巾军活动的中心地带，他拥有数万兵众，坐观天下，等待时机。

红巾军势力兴盛以后，领导层却产生了矛盾和分裂，这给了陈友谅一个难得的机会。彭莹玉战死以后，倪文俊成了红巾军的二把手。倪文俊是红巾军起义的元老人物，骁勇善战，在与元军作战时屡立战功。倪文俊随着地位的提高，也滋生了野心。

倪文俊生活腐化，恃功骄纵，元朝派人招安，他便动了心，企图博得高官厚禄。倪文俊提出要当湖广行省平章，元朝没有答应，双方讨价还价，没有达成一致。倪文俊与元朝勾勾搭搭，引起徐寿辉的警觉。

1357年，倪文俊利欲熏心，企图暗杀徐寿辉，篡位称帝。徐寿辉已有防备，倪文俊阴谋没有得逞，只得带领自己的部队，跑到黄冈，投奔陈友谅。倪文俊觉得陈友谅是他的亲信，十分可靠。

徐寿辉发出诏令，揭露倪文俊罪行，要求各地予以缉拿。陈友谅趁倪文俊不备，将其杀掉，吞并了他的部队。陈友谅此举，一举三得：一是大义灭亲，表达了坚定的反元决心，赢得良好声誉；二是兼并了倪文俊部队，势力进一步增强；三是取得了徐寿辉的信任，提拔他当了红巾军的二把手。

此后，陈友谅执掌兵权，他率军大举东征，连战连捷，占领了江西全境和福建的汀州、安徽的安庆等地，重创了元军主力。陈友谅的声望和实力与日俱增，达到了顶峰。

陈友谅权力越大，野心也就越大，他培植亲信，铲除异己，杀害了红巾军著名将领赵普胜，与徐寿辉的矛盾也开始显现。陈友谅依仗自己兵权在握，准备实施篡位夺权阴谋。

1360 年，徐寿辉从汉阳出发，前去龙兴，途中经过江州（今江西九江）。江州是陈友谅管辖的地盘，陈友谅见机会难得，便决定在此地动手，夺取红巾军最高权力。

陈友谅做了精心安排，在江州城中埋伏重兵，徐寿辉到来时，陈友谅亲自出城迎接。徐寿辉没有想到陈友谅会叛乱，毫无防备地进了城。入城之后，陈友谅一声令下，伏兵四起，将徐寿辉带领的将士全部斩杀。陈友谅把徐寿辉囚禁在江州，自称汉王，设置王府官员。

过了不久，陈友谅把徐寿辉带到采石矶，在那里将他残忍杀害。陈友谅以采石的五通庙为行宫，即皇帝位，国号为汉，史称陈汉。陈友谅终于出人头地了。

陈友谅弑主称帝，引起许多将士不满，红巾军便四分五裂了。不过，陈友谅的势力仍然十分强大，他占据湖北、湖南、江西等地，手下有雄兵数十万。

这个时候，在红巾军的打击下，元朝已经失去了对江南的统治，元军都退缩到了北方，南方只剩下大大小小的起义军，势力最强的，是陈友谅、张士诚、朱元璋。

陈友谅依仗自己兵多将广，率先领兵东进，攻打盘踞在南京一带的朱元璋，不料却遭失败。朱元璋得胜之后，领兵西进，连续夺取江州、安庆、蕲州等地，将陈友谅打得一败涂地。

1363 年，陈友谅拼凑了六十万大军，准备做拼死一搏。双方在鄱阳湖展开大战，陈友谅被流箭射死，陈军土崩瓦解，地盘全被朱元璋占领。陈友谅死时四十四岁。

陈友谅一生追求出人头地和荣华富贵，可他只当了三年皇帝就死了。

明玉珍占据巴蜀

明玉珍，元末群雄之一，农民起义领袖，徐寿辉的得力大将。陈友谅弑主篡位，引起明玉珍极大愤慨，随即与之决裂，占据巴蜀，建立大夏国，登基称帝。

明玉珍，随州（今湖北随州）人，出身贫苦。明玉珍家族世代以务农为生，元朝对农业征收很重的税赋，农民受尽剥削和压迫，普遍心怀不满，明玉珍很早就产生了反元之心。

明玉珍身高八尺，体魄健硕，目重瞳子，相貌不凡。他素有大志，性格豪放，为人仗义，爱打抱不平，在乡里很有威信。

在元末农民大起义中，明玉珍纠集千余人起义，上山结栅，反抗元朝。不久，徐寿辉发动红巾军起义，威震江南。明玉珍率部下山，投入红巾军，此后南征北战，成为徐寿辉手下一员年轻将领。当时，明玉珍只有二十多岁。

1355 年，黄冈一带遭受洪涝灾害，红巾军军粮困难。徐寿辉命明玉珍率万余人，乘五十艘大船，沿江而上，到巫峡一带筹集军粮。

明玉珍虽然年轻，却很有智谋和权威，他严厉约束部队，申明军纪，沿途只是征集豪强地主的粮食，夺取官府物资，对百姓则秋毫无犯，还时常救济穷人。时间不长，明玉珍满载粮食而归，还到处传播了红巾军的好名声。徐寿辉喜出望外，提升明玉珍为元帅。明玉珍是红巾军中最年轻的元帅。

明玉珍作战骁勇，常常身先士卒，不惧生死，带头冲锋陷阵。有一次，在与元将哈麻秃作战时，明玉珍冲在队伍最前边，不料被敌兵一箭射中右眼。明玉珍忍住剧痛，带着箭伤，一面高呼杀贼，一面继续与敌搏斗。士兵们受其鼓舞，人人拼死向前，终将元军击溃。此后，明玉珍瞎了一只眼，被人称为"明眼子"。

明玉珍治军有方，爱护士兵，与士兵们同甘共苦，得到的奖赏全都分给手下将士，自己不留分文，因而得到将士们拥戴，在军中享有崇高威信。

明玉珍以推翻元朝为己任，从不牟取个人私利，对徐寿辉忠心耿耿，处处维护红巾军的声誉。明玉珍率部转战于湖北、湖南战场，立下赫赫战功，深受徐寿辉信任。

徐寿辉在攻占湖北、湖南以后，挥兵东进，攻打江西、浙江、安徽等地，同时命明玉珍独率一军，向西征战，去占领巴蜀之地。

明玉珍接受重任，率军西征，攻破巫峡，占领万州，兵抵重庆。重庆有元军驻守，但兵力不是很多。明玉珍经过数日激战，攻陷重庆，生俘元军将领。明玉珍把敌将献给徐寿辉，徐寿辉大喜，任命明玉珍为陇蜀行省右丞。

明玉珍占领重庆以后，继续西进，在普州与北方红巾军李喜喜部相遇。李喜喜是刘福通的部将，在陕西被元军击溃以后，进入蜀地。明玉珍与李喜喜虽然都是红巾军，但没有隶属关系，如今为了争夺地盘，自己人也打了起来。最终，明玉珍击败李喜喜，夺取了普州、泸州、叙南等地。

明玉珍继续向蜀地进军，他兵分两路，一路攻打嘉定、龙州、兴元等地，意图占领巴蜀全境；一路直取巴蜀重镇成都。元朝在巴蜀地区的统治力量薄弱，结果明玉珍部队皆获大胜，元军被消灭，并活捉了元将完者都、朗革歹、赵资。

明玉珍劝完者都等人投降，三人却宁死不降。明玉珍无奈，只得将三人斩首，以礼安葬。三人被称为"三忠"。完者都、朗革歹是蒙古人，为元朝尽忠理所应当，而赵资是汉人，却也甘愿为元朝捐躯。

1360年，陈友谅杀害徐寿辉，自立为帝。消息传来，明玉珍悲愤交加，大哭不止。他想率军东征，讨伐陈友谅，被众人劝阻。当时，明玉珍实力不如陈友谅，巴蜀又路途遥远，伐陈确实不是明智之举。

从此，明玉珍与陈友谅断绝关系，派兵把守夔门，不与内地相通。明玉珍占据巴蜀，自称陇蜀王。明玉珍在重庆城南为徐寿辉立庙，四时祭祀。

1362年，明玉珍在众人拥戴下登基称帝，国号大夏，追尊徐寿辉为应天启运献武皇帝，庙号世宗。

朱元璋灭掉陈友谅以后，明玉珍祭告徐寿辉，觉得大仇已报，随即遣使与朱元璋通好。朱元璋回信称赞明玉珍，夸他是当世刘备。两家友好往来，信使不断。

1366年，明玉珍病逝，享年三十八岁，其子明升继位。明玉珍临终前嘱咐儿子，只宜据守巴蜀，不可进犯中原，中原如有明主，便可归顺。

1371年，朱元璋已经建立明朝，统一了中原。朱元璋派汤和率军收复巴蜀，同时遣使劝降，明升便率众归顺了明朝。

张士诚割据江浙

张士诚，元末群雄之一，农民起义领袖，割据于江浙一带。张士诚不属于红巾军，但他控制了东南富庶地区，切断了朝廷漕粮和财政收入的主要来源，给元朝造成极大的经济困难，为推翻元朝做出重大贡献。

张士诚，泰州白驹场（今属江苏盐城大丰区）人，出身贫寒。泰州地处东南沿海，出产食盐，本来是富庶之地。可是，盐业是国家财政收入的重要来源，为官府所垄断，百姓们只能以操舟运盐为业，生活十分贫困。

张士诚为了糊口，从十岁开始，就和成年人一样，干起了撑船运盐的重活，这对一个孩子来说，是一种沉重的体力劳作。张士诚家贫，没有办法，只得咬牙坚持。张士诚小小年纪，就经历了苦难磨炼。

张士诚长大以后，身体健壮，膂力过人，为人豪放，仗义疏财，尽管自己家里穷得经常揭不开锅，可当乡亲们遇有困难的时候，他总是慷慨解囊，尽力相助。因此，张士诚在当地盐民当中，有着很高的威信。

操舟运盐收入微薄，难以养家糊口，于是，张士诚约了几个胆大的同伙，偷偷做起了贩卖私盐的营生。贩卖私盐违法，经常遭到官府的惩罚，有时被打得皮开肉绽。有个叫邱义的盐警，为人凶狠贪婪，任意对他们欺压打骂，敲诈勒索。有些地主豪强为富不仁，知道盐贩们不敢声张，常常拿盐不给钱。张士诚他们心中充满了仇恨。

元末农民大起义爆发以后，起义烽火很快遍及各地，天下大乱。

张士诚深受鼓舞，热血沸腾，决定造反。张士诚秘密联络了十几个志同道合的盐民，准备举行起义，与官府对抗。

1353年的一天夜里，十八名热血盐民手持扁担，在寒风中悄悄摸进盐警邱义家中，将这个为非作歹的恶霸一顿乱棍打死。随后，张士诚一伙又闯进地主豪强家里，打开仓库，把粮食和钱财全部分给穷人，号召民众起来造反。

张士诚义旗一举，贫苦民众纷纷响应，很快聚集了上万人。张士诚率众占领了泰州，接着又攻取兴化，杀掉官吏，开仓赈民。穷苦百姓扬眉吐气，纷纷加入起义军，张士诚的队伍迅速扩大，拥有十万之众。

张士诚率军攻占了高邮府，杀掉知府李齐、行省参政赵琏等元朝官员，建立了政权，国号大周，年号"天佑"。张士诚自称"诚王"，设置官员。张士诚对元朝的沉重税赋十分痛恨，下令废除了强加给农民、盐民头上的苛捐杂税，民众一片叫好声。

张士诚起义震动了朝廷，朝廷派丞相脱脱率军镇压。元军号称百万，来势汹汹，不料，脱脱被奸臣算计，被朝廷免官流放，元军群龙无首，被张士诚击溃。

张士诚打败了元朝"百万大军"，声威大震，元军闻之丧胆。张士诚率军连续攻占通州、常熟、苏州、湖州、常州等地，他把苏州改为隆平府，把政权由高邮迁到苏州，设立了省、院、六部等行政机构，任命了丞相和文武官员，使大周政权初具规模。

在此期间，元军既要对付北方刘福通的红巾军，又要对付南方徐寿辉的红巾军，明显兵力不足，对张士诚没有造成很大压力。可是，张士诚与占据南京的朱元璋却不断发生战争，双方互抢地盘，一度打得不可开交。张士诚屡次被打败，常州、江阴、宜兴等地也丢失了。

1357年，张士诚决意向元朝投降。朝廷大喜，封张士诚为太尉，手下的文武官员都封了官职。不过，张士诚仍然像从前一样拥有武装和土地，基本上属于独立状态。

在此期间，张士诚派兵攻打安丰，消灭了刘福通红巾军余部，为元朝立了一功。张士诚利用元朝顾不上他的机会，大肆扩张，抢占了江浙不少地区。张士诚曾向朝廷要求封王，但被朝廷拒绝。

1363年，张士诚干脆自立为吴王，元朝已经失去了对江南的统治，对他无可奈何了。此时，张士诚割据江浙地区，地盘南到绍兴，北过徐州，西邻安徽，东到大海，纵横两千里，兵力数十万，势力十分强盛。

张士诚对其管辖地区进行治理，在郡县两级设立劝农使，兴修水利，发展农桑，使江浙地区的经济得到恢复和发展；降低税赋，减轻农民负担；兴办学校，发展教育，还两次举行科举考试，选拔人才。著名人士施耐庵、罗贯中、陈基等人，都曾经在张士诚帐下效力。

元朝失去对南方的统治以后，南方的起义军便自相残杀起来，势力最强的是朱元璋、陈友谅、张士诚，他们都想独霸江南。

1366年，朱元璋在灭掉陈友谅之后，命徐达、常遇春率二十万精兵，大举进攻张士诚。徐达、常遇春都是天下名将，张士诚一方没有对手，屡战屡败，丢失了大片土地。

经过数月激战，张士诚的地盘全部丢失，只剩下了都城苏州。朱元璋大军将苏州团团包围，张士诚已经穷途末路了。

朱元璋派人送信招降，张士诚却宁死不降。苏州保卫战打了数月。城中粮尽，无法坚持了，张士诚试图突围，但连突多次，都被打了回来。张士诚陷入了绝境。

张士诚对妻子刘氏说："大势已去，我决意一死。可是，你怎么办呢？"刘氏平静地说："君无忧，妾必不负君。"刘氏进入内室，纵火自焚。

张士诚望着烈火中的妻子，心如刀绞，泪流满面，他投带上梁，上吊自杀。不料，却被人救了下来，当了俘虏。

张士诚被俘后，拒绝进食，只求一死。不久，张士诚乘人不备，在夜里再次上吊自杀，时年四十七岁。

朱元璋势力崛起

在元末农民大起义的洪流中，涌现出一位英雄人物，名叫朱元璋。朱元璋采取正确策略，势力迅速崛起，最终灭掉群雄，推翻元朝，统一了天下。

朱元璋，濠州钟离（今安徽凤阳东北）人，世代贫穷，家中没有一寸土地，全靠打工维持生计。朱元璋年龄很小，就给地主家放牛，过着饥一顿饱一顿的生活，还时常遭受地主打骂。

1344年，凤阳一带连续发生严重的旱灾、蝗灾和瘟疫，民众死了一大半。朱元璋的父亲、母亲、大哥都死了，只剩下他和二哥。

亲人死了，不仅没钱买棺材，甚至没有下葬之地。邻居刘继祖可怜他们，送给他们一块坟地，朱元璋兄弟才用破布包裹尸体，将亲人安葬。朱元璋称帝以后，念念不忘此恩，追赐刘继祖为义惠侯。

朱元璋家破人亡，他和二哥抱头大哭一场，然后分离，各自逃生，去寻找一条活路。那一年，朱元璋只有十七岁。

朱元璋开始了乞讨生活，但穷人实在太多了，根本填不饱肚子。朱元璋万般无奈，只好投入凤阳县的皇觉寺，当了一名行童，行童是供寺院役使的小和尚。朱元璋在寺里挑水劈柴、洗衣做饭、扫地上香，什么活都干，也只能勉强果腹。

可是，时间不长，寺院也断粮了。寺院只好打发和尚们出游化缘，各寻生路，朱元璋再次踏上乞讨之路。

朱元璋在外乞讨了三年，南到合肥，北至陈州，西入河南，东经淮西，足迹踏遍安徽、河南、浙江等地。朱元璋经过三年流浪乞讨，吃尽万般苦头，但也开阔了眼界，积累了社会经验，结识了各类人员，对他日后发展产生了重要影响。

1348 年，灾荒过后，朱元璋重新回到皇觉寺，继续当和尚。朱元璋已经长大，地位有所改善，开始打钟击鼓，拜佛诵经。朱元璋称帝以后，将皇觉寺改名为龙兴寺。

1351 年，韩山童、刘福通发动大规模的红巾军起义，很快波及全国。定远县白莲教首领郭子兴响应号召，聚众造反。郭子兴是山东菏泽人，其父流落到安徽定远，娶一瞎女定居下来。郭子兴不满元朝统治，为人侠义，便在定远举行起义，也号称红巾军。

朱元璋见天下大乱，群雄四起，便就近投入郭子兴的红巾军，当了一名普通士兵。朱元璋作战勇敢，机智灵活，见多识广，很快脱颖而出，受到郭子兴赏识，被提拔为亲兵十夫长。

朱元璋从此跟随郭子兴左右，屡立战功，逐渐成为郭子兴的亲信和得力将领。郭子兴还把养女马氏嫁给朱元璋为妻，马氏就是著名的大脚马皇后。

1353 年，朱元璋回乡募兵，招收七百余人，从此有了自己亲手组建的部队。人数虽然不多，但都是朱元璋的同乡和少时伙伴，成为他的亲信。尤其是徐达、汤和、周德兴、郭英等人，后来成为天下名将，为建立明朝立下不朽功勋。

朱元璋以七百同乡士兵为骨干，很快扩充到两万多人，郭子兴任命他为镇抚。朱元璋带着自己的部队，南下滁州，开始独自发展势力。

朱元璋攻占了滁州、和州，作为自己的根据地，招兵买马，部队扩充到三万多人，又得到不少战将。更重要的是，定远名士李善长前来相助，为他出谋划策。李善长满腹计谋，堪比汉丞相萧何。

在此期间，郭子兴的红巾军发生内讧，郭子兴被排挤，只得带万余人投奔滁州。朱元璋见老上司到来，立即交出兵权，让郭子兴统领所有部队。1355 年，郭子兴病逝，朱元璋又重新掌管了部队。因此，朱元璋并没有继承郭子兴多大遗产，而主要是靠自己发展的势力。

朱元璋在巩固滁州、和州地盘之后，渡过长江，向南发展，相继占领南京、芜湖、采石、宁国、长兴等地，控制了江左、浙右地区。

朱元璋在南京设置元帅府，开始进行稳固根据地的工作。

当时，农民起义遍布全国各地，称王称帝的比比皆是，朱元璋的部下也纷纷建议他称王。谋士朱升却建议他"高筑墙、广积粮、缓称王"，劝他不要贪图虚名，而要埋头发展和巩固自己的势力。

朱元璋具有雄才伟略，他完全接受了朱升的建议，努力缓和与周边政权的关系，尽量避免对外作战，以保存实力。同时，兴修水利，发展经济，令军队垦荒屯田，使得府库充盈，军粮充足。朱元璋还整顿军纪，减轻税赋，救济穷人，收买人心。

与此同时，朱元璋广泛网罗人才，招贤纳士，为此专门修建了礼贤馆，以招待四方名士。刘伯温、常遇春、邓愈、冯胜、胡大海、廖永忠、康茂才、张兴祖等一大批谋士武将，纷纷聚集到朱元璋麾下。

朱元璋既有经济实力，又人才济济，势力大增，接下来，他就要扫平群雄、统一江南了。

朱元璋扫平江南

元末农民大起义，沉重打击了元朝的统治，使得大元江山摇摇欲坠。元朝朝廷已经腐朽衰落，无法扑灭起义烈火，失去了对南方的统治，只好收缩战线，把兵力撤到北方。朱元璋趁此机会，扫平群雄，统一了江南，为进一步统一全国奠定了坚实基础。

朱元璋采取"高筑墙、广积粮、缓称王"的正确策略，又广招人才，经过近十年的辛苦努力，建立了以南京为中心的大片根据地，兵精粮足，势力强盛，他便开始对外用兵，谋取天下。

1358年，朱元璋召见儒生唐仲实，让他为自己详细讲解刘邦、刘秀、李世民、赵匡胤、忽必烈等有为帝王，是怎样平定和治理天下的。朱元璋从小没有读过书，做和尚时学了一点文化，他胸有大志，后来刻苦学习，此时已经粗通文史了。朱元璋决心效法前贤，开创一个新的朝代。

朱元璋召集谋士武将们，商议如何扫灭群雄，统一江南。当时，江南除了朱元璋以外，还有张士诚、陈友谅的势力最强。张士诚割据江浙，与朱元璋地盘接壤，此前经常发生战争，因而多数人主张先灭掉张士诚，只有谋士刘基默不作声。

刘基，字伯温，浙江青田南田武阳村（今属文成）人，著名政治家。他精通兵法、天文、数理，胸有智谋，人莫能测，被誉为张良、诸葛亮式的人物，尤其在小说戏剧中，刘伯温被神化了。

朱元璋见刘基不作声，便主动征求他的意见。刘基不慌不忙地说："依我之见，应该先打陈友谅。陈友谅占有两湖和江西之地，貌似十分强大，但他刚刚弑主自立，人心不齐，军心不稳，正是消灭他的好机会。"朱元璋认为很有道理。

刘基又献计说："陈友谅野心勃勃，素有觊觎天下之心。我们可以设下计策，诱敌深入，一举可将其击败。"

朱元璋很高兴，便与刘基、康茂才等人商议，设了一个圈套。康茂才与陈友谅是老朋友，于是修书一封，派人送给陈友谅，说南京空虚，可发兵来攻，他可以做内应。

陈友谅果然有吞并朱元璋之心，他曾与张士诚相约，双方夹击南京，平分朱元璋的地盘，如今见信后喜出望外，认为是天赐良机，于是调集兵马，准备攻打朱元璋。

1360年，陈友谅亲率水军东下，攻打南京，结果在龙湾（南京城郊）中了埋伏，陷入重围。陈军没有防备，死伤无数，丧失战舰数百艘。陈友谅坐小船侥幸逃脱，仓皇西逃。朱元璋五路大军乘胜追杀，攻占采石矶、太平、安庆等地，大批陈军纷纷投降。此役重创了陈军主力，陈友谅势力由强转衰了。

1361年，朱元璋亲率大军西征，长驱直入，抵达江州。陈军士气低落，江州很快被攻破，陈友谅逃往武昌。朱元璋乘胜进军，又夺取蕲州、南昌等地。饶州、建昌、龙兴的守将对陈友谅心怀不满，皆不战而降。陈友谅败局已定。

陈友谅却不甘心失败，在武昌建造了数百艘大船，船高数丈，分为三层，船上能跑马，俨然为庞然大物，在当时属于先进巨舰。陈友谅又整顿兵马，扩充军队，准备与朱元璋决一死战。

1363年，陈友谅亲率六十万大军，乘坐大船，气势汹汹地扑向南昌，但连攻三个月，却不能攻破。朱元璋闻之，亲自率军前去救援。陈友谅听说朱元璋来了，撤除对南昌的包围，向东驶入鄱阳湖，准备迎战。于是，爆发了历史上著名的鄱阳湖大战。

陈友谅仗着船只高大，排成巨阵，对着朱元璋战舰横冲直撞。朱元璋军队船小，不能仰攻，连战数日，损失严重，渐渐有些不支。

过了一段时间，忽然东北风骤起，朱元璋军在上风头，十分有利。朱元璋大喜，急令火攻。朱元璋军船只虽小，但十分灵活，蜂拥而上，纵火焚烧陈友谅的大船。由于老天帮忙，陈友谅的大船被烧坏大半。在激战中，陈友谅被箭射死，陈军土崩瓦解。残兵败将逃回武昌以后，立陈友谅十三岁的儿子陈理为皇帝。

1364 年，朱元璋亲征武昌，陈军抵挡不住，陈理投降，陈汉政权灭亡。陈理后来被流放高丽，五十八岁病逝。

有的野史说，朱元璋灭掉陈友谅之后，大肆屠杀，流传下"朱元璋血洗湖南"的故事。其实，这种传言并无根据，正史中更无记载。

在朱元璋与陈友谅大战的时候，割据江浙的张士诚坐山观虎斗，谁也不帮。朱元璋灭掉了陈友谅，势力大增，已无人能比，他下一个攻击的目标，自然就是张士诚了。到了这个时候，张士诚才恐慌起来，但为时已晚。

1366 年，朱元璋发布檄文，公开讨伐张士诚。朱元璋命徐达为主将，常遇春为副将，率二十万精兵出征。朱元璋授计说："不要直接攻打苏州，可以先取湖州等地，使敌疲于奔命。等剪除其羽翼，苏州可唾手而得。"

徐达、常遇春依计而行，首先进行湖州之战。朱元璋军队兵强马壮，张士诚军队不是对手，湖州被攻克，六万多人投降。徐达率军连战连捷，势如破竹，连续攻占杭州、嘉兴等地，最后只剩下苏州了。

1367 年，朱元璋军队团团包围了苏州。朱元璋写信劝降，张士诚不肯，于是展开激战。

徐达在城外建造木塔楼，木塔楼高于城墙，士兵们居高临下，用弓弩、火铳向城内射击。徐达还架设大炮，向城内猛轰。城内人心惶惶，一片混乱。

张士诚的弟弟张士信在城头督战，口渴难忍，命左右拿桃子给他吃，谁知桃子刚递到他手里，恰巧一炮打来，张士信的脑袋没有了。众人惊愕，四散奔逃。

苏州坚守数月之后，城中粮尽，只得以老鼠、枯草为食。张士诚几次突围，均未成功。最后，朱元璋军队攻破苏州城，张士诚自杀未成，当了俘虏，不久再次自缢而死。

朱元璋用六七年时间，灭掉了势力最强的陈友谅、张士诚，剩下的割据势力就不足为虑了。

朱元璋命汤和率军，征讨割据浙东的方国珍。方国珍不敌，上表投降，被授予广西行省左丞职务，七年后病逝。

朱元璋又命胡廷瑞率军平定福建，令廖永忠收服广东。各地大大小小的割据力量或者闻风而降，或者被剿灭，朱元璋完全平定了南方。

朱元璋统一江南以后，下一个目标，就是出兵北伐、推翻元朝了。

朱元璋灭元建明朝

朱元璋平定江南以后，在南京建立大明政权，随即挥兵北伐，收复北方。北伐十分顺利，不到一年时间，就占领北方，收复大都，推翻元朝统治，掀开了历史新的一页。

1367年十月，朱元璋刚刚平定江南，立刻马不停蹄出兵北伐。朱元璋任命徐达为征虏大将军、常遇春为副将军，率领二十五万精兵强将，浩浩荡荡向中原进军。

朱元璋向中原民众发布《谕中原檄》，檄文由主编《元史》的名士宋濂起草。檄文历数元朝统治之昏暴，说明元朝丧失天命，朱元璋是天命所归的新主。檄中还响亮提出了"驱逐胡虏，恢复中华"的口号，号召北方民众奋起反元。后来，孙中山在反清斗争中沿用此意，提出了"驱除鞑虏，恢复中华"的主张。

朱元璋还与谋士武将们研究制定了北伐方案，计划先取山东，撤除大都屏障；收复河南，切断元朝羽翼；夺取潼关，占据中原门槛；然后攻击大都，此时大都势孤援绝，可一战而下；占领大都以后，再挥兵西进，席卷山西、陕西、甘肃等地，统一全国。北伐方案详细周密，切合实际，北伐大军完全依计而行。

1368年正月，北伐大军出征之后，在众人拥戴下，朱元璋在南京登基称帝，国号大明，年号洪武。朱元璋奖赏功臣，悼念战死沙场的胡大海、丁德兴、冯国用等人。

徐达、常遇春率军北伐，第一战役是夺取山东。山东元军由普颜不花统领，总指挥部设在益都。普颜不花是元朝第九次科举状元，能文能武，是元朝为数不多的杰出将领。

明军兵分两路，一路由张兴祖（汪兴祖）率领，从徐州出发，攻取济宁、东平、东阿和山东西部地区；一路由徐达、常遇春亲率主力，由江淮北上，直取益都。

徐达率军攻打山东南部重镇沂州，沂州守将叫王宣，是汉族人，却忠于元朝，顽强抵抗，城破被杀。附近的日照、峄州、莒州等地官吏，见明军势大，皆归降。

徐达顺利抵达益都，普颜不花拼死抵御，却不能挽救败局。徐达攻破益都后，知道普颜不花有贤名，劝他投降。普颜不花宁死不降，从容赴死。

徐达军在益都稍事休整，随即挥师向西，一路势如破竹，连续攻克临淄、寿光、昌乐等地，进逼济南，济南守军弃城逃跑。

张兴祖的西路军也进展顺利，济宁、东平守将皆不战而逃，其他地方官员纷纷投降，山东西部地区也落入明军之手。

明军经过四个月战斗，基本上占领了山东全境，随即兵锋向西，直捣开封，准备开展第二战役，收复河南。

徐达兵分三路，一路从济宁沿黄河而上，攻击开封；一路由永城出发，进攻许州等地；一路从襄阳北上，攻打南阳一带。三路大军所向披靡，只用两个多月时间，就收复河南。明军占领河南后，不战而占据了潼关。朱元璋闻报大喜，赶到开封，亲自坐镇指挥。

明军经过半年多战斗，顺利收复山东、河南，占据了潼关。大都已经失去屏障和外援，陷入孤立，接下来第三个重大战役，就是进军河北、攻击大都。

1368 年七月，明军从开封出发，向河北进军，一路势如破竹，连占卫辉、安阳、磁州、邯郸、广平等地，只用十多天时间，就到达临清。山东境内的明军，也集结于东昌（今山东聊城），到临清会师。临清是京杭大运河上的重镇，徐达打算从这里出发，北上攻击大都。

二十多万明军齐聚临清，开始水陆并进，向北进军。明军旌旗蔽日，战鼓震天，声势浩大，沿途元军大部分闻风而逃，少数负隅顽抗者即被消灭。明军顺利攻占德州、沧州、静海、直沽（今天津），到七月底，大军兵临大都城下。

徐达等人原认为，攻击大都必会有一场恶战，因而做好了各种攻城准备。没有想到，明军到达大都城下，却见城门紧闭，城墙上空无一人。

1368年八月初二，徐达下令攻城，士兵们蜂拥登墙而上，却没有遇到任何抵抗，竟然是座空城。徐达入城后，封存国库，封闭宫殿，发布公告，居民各安其业。

原来，早在七月二十八日，元朝皇帝元惠宗见大势已去，就带着皇族和文武百官，出居庸关逃往上都（今内蒙古多伦西北）。至此，元朝对全国的统治宣告结束。

明军占领大都以后，按照当初制定的北伐方案，挥师西进，收复山西、陕西、甘肃等地，消灭元朝残余势力和一些割据力量，基本上统一了全国。

北元延续元朝国号

朱元璋得知元惠宗逃走，大都不战而获，没有损失一兵一卒，心中大喜，认为元惠宗能够顺应天命，于是给他上谥号为"顺帝"。《元史》是明朝写的，所以，在《元史》中，元惠宗被称为元顺帝。

朱元璋占领大都，推翻了元朝的统治，将大都改名为北平，但元朝并没有就此彻底灭亡。元朝朝廷逃到了上都，后来又逃到漠北，继续沿用元朝国号，与明朝对抗。不过，元朝已经失去对全国的统治，偏安遥远的漠北一带，只能算一个割据政权了，史称北元。

在明军即将兵临大都之时，元惠宗召集文武大臣，沮丧地宣布迁往上都。大臣们痛哭流涕，有人主张固守京师，与明军决一死战。

元惠宗叹息说："如果不走，朕岂不是复作徽、钦吗？"徽、钦是指北宋的宋徽宗和宋钦宗，他们被金国俘虏，吃尽苦头，死在了异国他乡。元惠宗心灰意冷，已经陷入绝望。

1368 年七月二十八日夜里，大都城的健德门大开，元惠宗带领皇族和朝廷大臣仓皇出逃，一路如同惊弓之鸟，连山峰塌方都认为是明军追来了。经过二十多天奔波，元惠宗一行终于到达上都。

上都，是开创元朝的忽必烈发迹称帝之地，是蒙古向南征服中原的出发地。没有想到，蒙古人南下统治中国近百年之后，现在又回到了起点。当初，蒙古铁骑横扫中原和江南，何等的耀武扬威？如今却丧权失地，又是如此的狼狈不堪！元惠宗感慨万千，心潮起伏，泪水长流，叹息不止。

此后，元惠宗意志消沉，心情忧郁，身体每况愈下，两年后病死，享年五十一岁。儿子爱猷识理答腊继位，是为元昭宗。

朱元璋对北元残余势力自然不肯放过，他基本统一全国之后，继续出兵北伐。1370年，朱元璋仍然任命徐达为主帅，三路出兵，攻打上都。元昭宗抵挡不住，只好又逃到漠北的和林。

和林在今蒙古国境内，是成吉思汗和大蒙古国的发迹之地，也是蒙古族繁荣聚居地区。元昭宗在这里得到蒙古民众的支持，休养生息，招兵扩军，势力有所恢复。

1372年，朱元璋举行第二次北伐，意图征服蒙古大漠，创造前所未有的历史功绩。明军依然兵分三路，攻击和林，双方开展了岭北之战。结果，明军只有一路获胜，另两路打了败仗，只得撤兵回返。

岭北之战以后，元明双方暂时形成南北对峙局面，也随之形成新的边界。此后，双方仍然战争不断。朱元璋先后举行多次北伐，沉重打击了北元势力，但暂时不能将其彻底消灭。

1378年，元昭宗去世，享年四十岁。其弟脱古思帖木儿（一说为其子）继位，被称为天元帝。在天元帝时期，北元屡次遭受明朝打击，势力进一步衰弱。

为了彻底消灭北元，1388年，朱元璋命名将蓝玉为主帅，率领十五万大军，再次举行北伐。

天元帝抵挡不住，和林一带大片土地丢失，只得带残兵败将继续北逃，一直逃到捕鱼儿海（今贝尔湖）。蓝玉率军穷追不舍，最终追上了元军，双方开展捕鱼儿海之战。

经过激战，明军大获全胜，俘虏北元皇族和大臣三千多人、男女民众七万余人、缴获牲畜十五万头，北元的宝玺、符敕、金银印信等朝廷所用之物，也全都落入明军之手。天元帝侥幸逃脱，途中却被部下杀掉。至此，北元基本灭亡了。

北元虽然灭亡了，但蒙古民族依然顽强生存。后来，阿里不哥的后裔也速迭儿称汗，汗号为卓里克图汗，不再使用元朝国号，国号恢复为蒙古。

此后，蒙古民族主要活跃于蒙古高原，时间长达三百余年。这期间，蒙古既有内部争斗，也有对外扩张，一度势力比较强盛，始终与中原政权共存。

1644年，明朝被清朝取代，蒙古却依然存在，直到1675年，蒙古各部落才全部归顺了清朝，重新汇入中华民族大家庭之中。

元朝灭亡以后，中国历史进入大一统的明朝时期。记述明朝历史的正史，是《明史》。笔者将依据《明史》的记载，继续撰写《新视角读明史》，敬请广大读者给予指导帮助。